Het Ministerie van Oplossingen

Sanne Rooseboom

Het Ministerie van Oplossingen

Van Goor

Voor Minte

De Nederlandse Kinderjury 2017

Derde druk 2017

ISBN 978 90 00 35109 1
ISBN 978 90 00 35110 7 (e-book)
NUR 283

Uitgeverij Unieboek | Het Spectrum bv,
Postbus 97, 3990 DB Houten

www.unieboekspectrum.nl
deleukstekinderboeken

Tekst: Sanne Rooseboom
Illustraties: Mark Janssen
Omslagontwerp: Petra Gerritsen
Zetwerk binnenwerk: ZetSpiegel, Best

Een brief die gelezen moet worden

Nina had nog nooit eerder iets gestolen, zeker niet van haar vader. Maar nu moest het. Zijn tas stond naast de bank, open. Ze kon een randje van de brief zien. De tv stond aan, vanuit haar ooghoek zag ze hoe een presentatrice van het journaal voor een jury ronddanste in een roze jurk, maar Nina lette er niet op. Ze wiebelde met haar tenen in haar iets te grote, rode laarzen en staarde naar de tas. Ze wist dat ze die brief moest lezen. Maar wie steelt er nou van haar eigen vader?

Nina's vader had de brief 's middags meegenomen. Dat was op zich niet vreemd, want hij was postbode, een bijzonder grote postbode met een zwarte baard. Soms kon hij een brief niet bezorgen en dan moest die terug naar het postkantoor. Dan bestond het adres niet of woonde er iemand anders. Hij deed altijd erg zijn best om de brieven tóch op het juiste adres af te leveren. Hij had een keer de hele ochtend alle bakkers in de stad gebeld omdat hij een brief had voor 'die leuke bakker met het gaatje in zijn oor.' Na zestien telefoontjes had hij hem gevonden: de tompoezenbakker in de Meulenstraat. Die had een oorbel en was volgens zijn baas erg grappig. Nina's vader probeerde mensen altijd te helpen, zo was de hele familie Zout.

Vandaag was er een brief in zijn tas beland voor het Ministerie van Oplossingen. Dat stond op de envelop. VOOR HET MINISTERIE VAN OPLOSSINGEN, meer niet.

'Wat moet ik hier nou weer mee?' had Nina's vader gezegd en hij smakte de brief op tafel.

'Wat is een ministerie ook alweer?' Nina was bezig met haar huiswerk. Alle landen van Europa in één keer uit haar hoofd. Ze keek even naar de envelop en toen weer naar Slowakije, dat tussen Polen en Hongarije bleek te liggen.

'Een onderdeel van de regering,' zei haar vader.

'Je kunt het adres toch opzoeken.'

'Nee, er bestaat geen Ministerie van Oplossingen. Heel raar.' Hij trok aan zijn baard, dat deed hij altijd als hij over iets ingewikkelds moest nadenken.

Nina pakte de brief op en trok aan haar paardenstaart, dat deed *zij* altijd als ze over iets ingewikkelds moest nadenken. Het was een witte envelop, een beetje gekreukeld. Rondom de blauwe letters zaten kleine veegvlekjes van waar de inkt was doorgelopen in de regen. Ze hield hem omhoog, naar de lamp toe en zag hem zitten: een vierkant

opgevouwen brief. Op de achterkant van de envelop stond bovenin in kleine, aan elkaar geschreven letters: RUBEN.
'Ik breng hem morgen naar de postsorteerkamer,' zei haar vader. 'Misschien is het wel weer een actie van die rotkinderen.'
Al maanden had hij last van kinderen die flauwe grappen uithaalden. Ze hadden een keer een glas water leeggegoten in de postbodetas, toen Nina's vader die even had neergezet tegen een boom. En ze strooiden kleine, witte punaises op het bospad waar hij elke dag overheen moest fietsen. Hij had één keer gevraagd of Nina er toevallig achter zat, maar dat was niks voor haar en dat wist haar vader eigenlijk ook wel. Nina zou het bospad verven of posters van bosmonsters ophangen aan de bomen. Geen punaises strooien.
'Maar wat doet de postkamer er dan mee?' Nina hield de brief nog steeds vast. Wat als het géén grap was? Het Ministerie van Oplossingen, wat klonk dat spannend.
'Die sturen hem terug naar degene die hem geschreven heeft. Hij is hier in de stad op de bus gedaan.'
'Maar er staat alleen "Ruben" op!'
'Tja, dan sturen ze hem naar een ander ministerie misschien, in Den Haag,' zei Nina's vader. 'Er zijn er heel veel.' Hij pakte de brief uit haar handen en liet hem in zijn tas glijden.
'Naar welk ministerie dan?' vroeg Nina.
Haar vader haalde zijn schouders op. 'Weet ik niet. Dat van Volksgezondheid misschien. Of van Economische Zaken.'
'Maar dan komt hij misschien nooit bij de juiste persoon!'
Nina sprong op van de stoel en klom op de tafel. Haar

laarzen bonkten op het houten tafelblad. Ze had vier paar: rode, blauwe, gele en een paar met bloemen. Ze droeg nooit andere schoenen. Laarzen waren ideaal, vond Nina. Ze konden vies worden, konden tegen water, je schopte ze in één beweging uit en ze stonden goed bij alles. Nu ze op de tafel stond, was Nina even lang als haar vader. 'De familie Zout helpt toch waar dat kan?' zei ze. 'Denk aan opa Leo!' Toen opa Leo zes jaar oud was, was hij heel erg ziek geweest. Hij hoestte en at al weken bijna niks. Zijn ouders waren wanhopig. Ze hadden alle dokters uit de stad op bezoek gehad, maar niemand wist wat er aan de hand was. Leo's koorts werd hoger en hoger, totdat hij niet meer uit bed kon komen. Op een dag belde een lange man aan, hij had een litteken op zijn wang en een Vlaams accent. Hij stelde zich voor als dokter Verwaert en zei dat hij toevallig in de buurt was en had gehoord over het zieke jongetje op nummer 7. Hij onderzocht Leo, nam een beetje bloed af en ging weer weg. 's Avonds stond hij opnieuw voor de deur, met een gratis doos pilletjes en daarna had niemand hem meer gezien. Toen Leo de pilletjes twee dagen had geslikt, zakte de koorts en werd hij weer helemaal beter. Hij groeide op, trouwde met oma, kreeg zes kinderen en werd Nina's opa. Opa's kinderen, en hún kinderen, wisten dat opa Leo er misschien wel niet was geweest zonder de hulp van die vreemde dokter. Dus hielpen ze zelf ook waar ze konden. Zo waren ze opgevoed.

'Ik wil best helpen,' verzuchtte Nina's vader. 'Maar een envelop zonder adres, die moet ik gewoon afgeven.'

'Mag je hem niet houden?' Nina wist het antwoord al voordat haar vader met zijn grote baard schudde. Postbodes die stiekem post hielden, werden ontslagen, dat had hij vaak genoeg verteld. Een brief kwijtraken, dan had je al een probleem. Een brief stélen, dat kon gewoon niet.

En nu stond die tas dus naast de bank, met de brief erin, aan een ministerie dat volgens haar vader niet bestond. Nina's moeder was aan het werk. Die was kraamverzorgster en op de raarste tijden weg. Nina's vader zat op de wc. Daar kon-ie uren zitten, dus niemand zou het zien als ze de brief zou pakken. Zo simpel was het, als je het knagende gevoel zou uitzetten waardoor Nina zich een doortrapte boef voelde. Een Ministerie van Oplossingen, fluisterde ze tegen de dansende presentatrice op tv. Maar een oplossing waarvoor dan? Zou er een probleem in de brief staan? En wie was Ruben? Een oude meneer? Of zou hij ook elf zijn? Ze voelde een spanningssteek in haar maag elke keer dat haar ogen langs de tas gleden, zoals het voelde op de dag voor haar verjaardag. Ze moest al een kwartier naar bed, maar elke keer dat ze overeind wilde komen, dacht ze aan wat er in de brief zou kunnen staan. En elke keer dat ze hem bijna te pakken had, liet ze zich weer op de bank zakken.
Want je mocht geen brief stelen.
Je mocht geen brief stelen van je vader.
En je mocht al helemaal geen brief stelen van je vader als die daardoor ontslagen kon worden.

Ze had het vermoeden dat ze weer een Nina-actie ging houden. Zo noemde haar moeder dat altijd. Ze had de wind in haar kop, dat zei mama ook. 'Mijn dochter heeft weer eens de wind in haar kop!' Vroeger dacht Nina dat dat echt zo was. Dan bleef ze heel stil zitten in de hoop dat ze het zou horen waaien, ergens tussen haar oren. Inmiddels wist ze dat haar moeder het niet letterlijk bedoelde. Ze had gewoon heel veel energie, heel veel zin in avontuur. Meestal zorgde ze zelf voor dat avontuur. Toen ze zeven was, had ze een hut gebouwd in de tuin, van hout en teddyberen, waar ze elke avond een uur in zat om heksensoep te koken. Toen ze acht was, was ze in elke boom in het park om de hoek geklommen, elk weekend een hogere. Toen ze negen was en tien had ze elk halfjaar haar kamer opnieuw ingericht en de meubels geverfd met waterverf. Nu was ze elf en overwoog ze een brief te stelen die er vreselijk spannend uitzag.

Ze ademde diep in. 'Stel je voor dat de brief naar Den Haag werd gestuurd naar het Ministerie voor Wegen of voor Ziekenhuizen,' zei ze zachtjes tegen de presentatrice op tv, die nu zwetend voor de jury stond. Dan zou hij op een stapel brieven komen van mensen die klaagden over de weg of over hun gezondheid. En als-ie dan over een jaar eindelijk werd gelezen door een verveelde minister, dan was het al veel te laat om het probleem op te lossen. Wat het ook was. Of stel dat hij kwijtraakte in de postsorteerkamer tussen de brieven aan leuke bakkers met een gaatje in hun oor. Dan las niemand hem ooit! 'Denk aan opa,' fluisterde ze. Nina trok nog eens aan haar paardenstaart en wist opeens wat ze moest doen. Ze ging hem alleen maar lezen. Lezen, dan weer terugdoen in de envelop en die met lijm dichtplakken. Dat was geen stelen, dat was lenen! Ze glimlachte en stond eindelijk op van de bank.

'Papa?'

'Op de wc,' klonk het van achter in het huis.

Nina boog zich naar de tas toe en pakte de brief eruit.

'Welterusten!' riep ze.

'Slaap lekker!' riep hij terug.

Ze rende de trap op met twee treden tegelijk.

Een feest voor bijna iedereen

Nina's kamer had een lege helft en een volle, met het bed in het midden. Tegen de ene muur stonden een stoel, een bureau en een bankje, dicht tegen elkaar aan. De tweede helft van de kamer was leeg. Dat had ze bij de laatste kamer-verandering gedaan, zodat ze binnen kon touwtjespringen als het regende. Ze zat op haar bed, schopte haar laarzen uit en luisterde naar hoe haar hart bonkte. Ze had hem, de brief, hij lag naast haar op het matras. In de la van haar bureautje vond ze een schaar. Ze deed de gordijnen dicht en ging op de grond tegen de kamerdeur aan zitten, zodat niemand plotseling binnen kon komen. Zou ze hem gewoon openknippen en dan later weer dichtplakken? Nee, dat zou er lelijk uitzien, openwurmen was het beste. Ze klapte de schaar open en duwde het scherpe puntje onder de flap van de envelop. Met haar andere hand veegde ze een druppeltje zweet van haar voorhoofd. Heel

voorzichtig duwde ze de schaar verder en de flap kwam een stukje los. Haar hart stopte maar niet met bonken en haar mond was droog. Nog een stukje. En nog een. Toen de flap helemaal los was, legde Nina de schaar weg en liet ze haar adem ontsnappen. Ze vouwde de envelop open, haalde het papier tevoorschijn en zag gelijk dat het een handgeschreven brief was. Achter zich, op de gang, hoorde ze zware voetstappen. Ze stond snel op, verstopte de brief onder haar T-shirt en ging op haar bed zitten. Haar vader klopte op de deur. 'Ga je slapen, meid?' Hij duwde de deur een stukje open en stak zijn hoofd naar binnen. 'Het is al laat en je hebt je pyjama nog niet aan.'
Nina glimlachte. 'Ja papa, sorry.'
'Morgen weer school.'
'Ik weet het.' Nina rolde met haar ogen, zoals ze normaal ook deed omdat school stom was. Dit keer deed ze het alleen zodat haar vader snel weg zou gaan en niet zou denken dat er iets verdachts aan de hand was.
'Slaap lekker.' Hij deed de deur dicht.

Nina legde de brief onder de deken, deed snel haar pyjama aan en het licht uit. Ze trok het lampje dat naast haar bed stond omhoog, zette het op haar matras en trok het dekbed over haar hoofd. Toen vouwde ze de brief open en begon te lezen.

Beste Ministerie van Oplossingen,
Mijn naam is Ruben. Ik ben negen jaar en twee maanden oud en ik heb een probleem. Er zit een meisje in mijn klas dat Sophia heet en alles verpest. Ze lacht me uit omdat ik best klein en mager ben

en een klas heb overgeslagen. Ze zegt dat ik een negatieve uitstraling heb, en een slechte aura. Een aura is een laagje kleur om je hoofd dat alleen Sophia ziet en iedereen gelooft haar en nu noemen ze me in de klas de debielskelet met de slechte aura. Ze pest eigenlijk heel veel mensen, ook in de klas onder me en zomaar op straat. Ze is echt supergemeen maar bijna niemand weet het want ze lijkt heel lief en de juf is dol op haar. Zaterdag geeft ze een feest omdat ze tien wordt. De hele klas gaat behalve ik want ik zou het verpesten met die aura zegt Sophia dus ik ben niet uitgenodigd. De andere kinderen hebben het er steeds over wat voor cadeautje ze kopen en wat ze aantrekken en dan lachen ze als ze mij zien.
De buurvrouw vertelde me over het Ministerie van Oplossingen. Daar werkte ze vroeger, maar nu niet meer want ze is heel oud. Mailen lukte niet, ik kreeg steeds een foutmelding dus schrijf ik maar een echte brief. Ik hoop dat u hem leest en met een oplossing komt.
Vriendelijke groet,
Ruben Tannema
Havenstraat-oost 22

Wow, dacht Nina. Wat naar! Stel je voor, een feest waar iedereen voor was uitgenodigd op één iemand na! Wat een rotklas. En wat raar dat het Ministerie volgens haar vader niet bestond en volgens die buurvrouw wel. Ze las de brief nog een keer. En nog een keer. Ze werd steeds bozer, elke keer dat ze las dat Sophia hem uitlachte. Het handschrift was netjes, zoals ze zelf ook schreef als het op school moest, aan elkaar, met lange L's en priegelige R'en.

Ze sloeg het dekbed over haar hoofd weg omdat het benauwd werd, legde de brief onder haar matras, zette het lampje op de grond en knipte het uit. Ze draaide zich om en staarde in het donker naar het plafond. De woorden dansten nog een beetje voor haar ogen. Gemene kinderen, een laagje kleur om je hoofd, een oude buurvrouw. Nina was zelf gelukkig nooit gepest. Ze werd wel eens bolle genoemd omdat ze een buikje had en bolle wangen. Hollands gezond, noemde mama dat. Ze had een beste vriendin, Alfa, en kende een heleboel andere aardige kinderen om mee te voetballen of te kletsen. Zou echt niemand Ruben aardig vinden? Hij klonk best lief. Hij had vast geen negatieve orka, of hoe dat ook heette. Die Sophia was gewoon een pestkop.

Ze voelde aan de brief onder haar matras. Ze zou hem de volgende dag terugleggen op het stapeltje kranten beneden op tafel, dan zou haar vader niks doorhebben. Of misschien zou ze hem eerst aan Alfa laten zien en hem daarna terugleggen.

Met haar ogen dicht dacht Nina aan Ruben. Een klein, mager jongetje met een bril ergens in dezelfde stad. Dat was toch zielig, dacht ze, hij was nog maar negen. Hij had zijn probleem helemaal opgeschreven en opgestuurd maar het Ministerie van Oplossingen bestond niet, dus niemand ging hem helpen! Helemaal niemand. En toen, net voordat ze in slaap viel, dacht Nina: natuurlijk wel. Ik ga hem helpen.

Een avontuur in een envelop

'Vertel dan!' Alfa keek de kamer rond. 'Is het hier, het geheim, kan ik het zien?' Ze gooide zich op haar buik en keek onder het bed. 'Is het een huisdier? Een slang? Kijk uit met slangen hoor, voor je het weet ontsnappen ze.'
Ze zaten op de houten vloer van Nina's kamer, in het gedeelte waar je touwtje kon springen. Het was woensdagmiddag en tussen hen in stonden een fles limonade en twee glazen. De brief lag nog steeds onder Nina's matras.

'Ik heb iets,' had Nina gezegd in de pauze terwijl ze naast Alfa op het klimrekje zat. Ze zwiepten met hun benen heen en weer, hun tenen kwamen bijna bij de grond. 'Een geheim.'
'Ben je verliefd?' vroeg Alfa gelijk. 'Op je buurjongen! Dat jullie door te kloppen op de muur met elkaar praten. Totdat hij verliefd wordt op zijn achternichtje Eliza.' Dat

deed Alfa, die sloeg door. In haar hoofd was alles altijd direct een film én het vervolg op die film.
'Nee joh, gek, dit is veel beter.' Nina sprong van het rek af en draaide zich naar Alfa toe.
'Ik heb een avontuur.'
'Wat voor avontuur?' vroeg Alfa met grote ogen. 'Is het gevaarlijk?'
'Misschien. Weet ik niet. Kom vanmiddag naar mijn huis. Dan laat ik het zien.'

'Je gaat toch niet verhuizen?' vroeg Alfa die middag.
Nina schudde haar hoofd.
'Ik weet het! Je ouders gaan scheiden!'
Nina legde een hand op haar voorhoofd. 'Nee suffie, dat zou toch geen avontuur zijn!'
'Ik vond het een heel avontuur,' zei Alfa. 'Je zei niet dat het een léúk avontuur was.'
'Het is een leuk avontuur. Denk ik. Wacht.' Nina draaide om en pakte de brief onder haar matras vandaan. 'Tadaaa!'
'Een envelop?' Alfa klonk teleurgesteld.
'Met een brief!' Nina legde uit hoe ze aan de brief kwam en voor wie hij was. 'Voor je hem mag lezen wil ik weten of je dat kent, het Ministerie van Oplossingen.'
'Van oplossingen?' Alfa keek er nadenkend bij. 'Is het is geen spelfout of zo? Dat er een onderdeel van de regering bestaat dat erop lijkt? Oplosmiddel. Flosdingen. Openlozingen.'
'Nee, natuurlijk niet,' zei Nina. 'In de brief gaat het ook echt over oplossingen.'
'Ik ken het niet, dat ministerie,' zei Alfa. 'En ik weet best veel. Heb je het al gegoogled?'

Nina knikte. 'Helemaal niks. Echt niks, zelfs geen zinnetje in een werkstuk of zo.'
'Mag ik nu de brief lezen, Nien?' Alfa strekte haar arm naar haar uit.
'Natuurlijk.' Nina plukte voorzichtig het papier uit de envelop, vouwde het open en gaf het aan haar vriendin.

Alfa zei niks totdat ze hem uithad. Toen legde ze de brief voor zich neer op de grond en keek Nina fel aan. 'Wat een ontzettende rotstreek van die Sophia.'
'Iedereen uitnodigen, op eentje na? Dat doe je toch niet!' Nina werd er ook weer boos van.
'Weet je vader dat je hem hebt?' vroeg Alfa. Ze draaide een van haar vlechtjes om haar wijsvinger.
Nina schudde haar hoofd. 'Nee, ik leg hem vanavond terug, hij mag het echt niet weten.'
Ze dronken nog wat limonade en staarden verontwaardigd naar de houten planken van de vloer.
'Kende jij dat, een aura?' vroeg Nina.
Alfa schudde haar hoofd. 'Maar ik vind het wel slim. Iets wat je niet kunt zien is supergemeen om iemand mee te pesten.'
Het bleef weer even stil.
'Ik eh,' zei Nina. 'Ik vroeg me dus af of we hem niet zouden kunnen helpen...'
'Denk aan je opa!' zei Alfa enthousiast. Die kende het verhaal natuurlijk ook.
Nina glimlachte. 'Precies. We zijn twee jaar ouder dan Ruben en we zitten op een andere school, dus niemand kent ons.'

'Op welke school zit hij dan, staat dat erin?'
'Geen idee,' zei Nina. 'Maar wij zouden het toch wel weten als er een mager jongetje met een bril twee klassen lager zat dat gepest werd? Zeker als de hele klas om hem lacht.'
Alfa schudde haar hoofd. 'Zo gemeen.'
'Er zijn wel twintig scholen in de stad,' zei Nina. 'Maar daar komen we vast wel achter. Als we hem willen vinden. Willen we dat?'
Alfa glimlachte. 'Ja, ik wil hem best helpen. Het is nu woensdag, dus het feestje is over, ehm, drie dagen. We kunnen die Sophia in elkaar slaan, twee tegen één. En ze is nog maar tien. Mákkie.'
Nina pakte de brief van de grond. Ze keek naar haar vriendin, met haar strakke vlechtjes die haar moeder elke maand in haar haar zette en haar nette, witte blouse aan. 'Je kunt niet eens een mug in elkaar slaan omdat je dat te zielig vindt.' Ze nam een slokje limonade. 'En nu een echt plan.'
'Wat dacht je van een feest?' vroeg Alfa. 'Van ons, voor Ruben.'
Nina had er gelijk zin in. 'Ja, op zaterdagmiddag! Precies op het moment dat die stomme klas bij Sophia op bezoek is.'
'Bij een van ons thuis,' zei Alfa. 'Met cola en chips en als eregast Ruben. Bij mijn vader kan het ook, in de flat. Alleen kunnen we niet meer rondhangen bij de hangmuur op de parkeerplaats.'
'Waarom niet?' vroeg Nina verbaasd. Ze hingen altijd op de muur als ze bij Alfa's vader waren, het was de enige

plek in de buurt van de flat waar je een beetje stoer buiten kon zijn, verder stonden er alleen heel veel auto's.

'Er is een meisje van de muur gevallen en die heeft haar enkel gebroken. Haar ouders hebben een klacht ingediend, dat het een gevaarlijke muur zou zijn. Nu gaan ze hem slopen. Er staat al een hek omheen.'

'Pfff,' zei Nina. 'Stom.'

Alfa gromde even. 'Ik zag het gebeuren en het was een aanstelster, ze viel niet eens, ze sprong gewoon en kwam verkeerd terecht.' Ze schudde haar hoofd, waarbij de uiteinden van haar vlechtjes heen en weer zwiepten. Er hingen witte kraaltjes in. 'Maar goed, misschien bij jou thuis? Op je kamer?'

'Mag je als negenjarige zomaar op een feestje van vreemden komen?' Nina twijfelde en gaf zelf antwoord. 'Nee. Dus dan houden we het feestje bij hem.'

Alfa knikte enthousiast. 'Zaterdagmiddag om 15.00 uur, feest bij Ruben, wij nemen lekkers mee van huis.'

Ze keken elkaar vrolijk aan. Goed plan.

'Zullen we gaan?' vroeg Nina en ze stond op.

'Waarheen dan? We weten toch niet waar zijn school is, of hoe hij eruitziet?'

Nina liet zich weer op de grond zakken. 'O, ja.'

'We moeten eerst weten op welke school hij zit,' zei Alfa. 'Want het is alleen stoer als anderen ook echt zien dat hij wordt uitgenodigd.'

'We weten waar hij woont. Dus kunnen we hem volgen,' zei Nina.

'Ja, volgen!' riep Alfa. 'Net als in de film!'

'Alleen moeten we zelf ook gewoon naar school,' zei Nina.

‘Aanbellen dan?’
Nina haalde haar schouders op. ‘En gewoon vragen waar hij op school zit?’
‘Met een smoes,’ zei Alfa.
‘Een enquête!’ zei Nina. ‘We moeten voor een project op school aan kinderen vragen waar ze op school zitten en of het er leuk is.’ Ze zei het heel netjes, alsof ze al voor Rubens deur stond.
Ze knikten allebei.
‘Oké,’ zei Nina. ‘Morgenmiddag na school naar Rubens huis?’
Alfa knikte en klapte even in haar handen. ‘Cool avontuur. Veel beter dan een slang. Of een scheiding.’

Een merkwaardige enquête

Nina moest de hele schooldag aan Ruben denken. Zouden ze hem aan het pesten zijn? Zou hij al een antwoord verwachten van het Ministerie? Ze deed haar best om op te letten toen de juf ging vertellen over het verschil tussen kanalen en rivieren, maar het leek haar een stuk minder belangrijk dan gepeste jongetjes helpen. Zodra de bel ging, stormden Alfa en Nina naar hun fietsen. Het was maar tien minuten, van school naar Rubens huis; Nina had de route uitgeprint. Ze herkende de wijk, het was vlak bij de muziekschool waar ze gitaarles had gehad. Dat was een wind-in-haar-hoofd-periode waarin ze drie weken lang rockster wilde worden. Ze oefende elke dag en was al best goed. Maar toen begon de vakantie en gingen ze kamperen in Spanje. Daarna wilde ze Spaans worden.

Ze zetten hun fietsen tegen een boom halverwege de Havenstraat-oost, naast een bankje met een oude vrouw erop die vriendelijk knikte. De huizen waren groter dan die in het deel van de stad waar Nina en Alfa woonden. Dat waren nieuwe woningen, hier had je donkere, oude huizen met donkere, oude kastanjebomen voor de deur.
'We gaan echt aanbellen!' Alfa trok haar spijkerjack dicht. Het was koud, ook al was het lente. 'Wat nou als er een crimineel woont die ons ontvoert?'
Nina reageerde niet, ze oefende de hele weg al hetzelfde zinnetje. 'Hallo, wij doen een project voor school en willen graag weten op welke school je zit.' Ze mocht zijn naam niet noemen natuurlijk, ze mocht niet zeggen: 'hoi Ruben', want dan zou hij weten dat ze zijn brief hadden gelezen. Of hij zou denken dat ze hem kwamen pesten.
'Nien!' siste Alfa. 'Ik wil niet ontvoerd worden!'
'We worden niet ontvoerd, er woont een negenjarig jongetje,' zei Nina.
'Weet ik wel,' zei Alfa. 'Maar toch.'

Ze wandelden de straat door totdat ze bij nummer 22 waren. Het huis had een voortuin met een grindpaadje dat leidde naar een houten deur en een enorm raam met donkerrode gordijnen en met planten in de vensterbank. Ze keken elkaar even aan en liepen het paadje op, langs gele, rode en blauwe bloemetjes die in grote potten naast het tuinpad stonden. Het grind knarste onder Nina's laarzen. Voor de deur bleven ze staan. Nina keek naar het vierkante bordje met 22 naast de deur. En naar het naamplaatje dat op de brievenbus zat geplakt. FAMILIE TANNEMA. Zou er iemand thuis zijn? Ze ademde diep in en drukte op de zwarte bel. Binnen galmde een zware 'ding dong'. 'Hallo,' fluisterde Nina. 'Wij doen een project voor school en willen graag weten op welke school je zit.' Ze staarde naar de deur. Hoe zou hij eruitzien? Zou ze hem aardig vinden? Een heleboel seconden gebeurde er niks. Toen knipte er een lichtje aan en hoorde Nina voetstappen. Ruben! Ze voelde haar hart laag in haar keel kloppen. Kon ze nog wel iets zeggen? Kuche, probeerde ze. Toen ging de deur open.

'Wat kan ik voor jullie doen?' vroeg een vrouw in een lange, blauwe jurk. Ze had een mooi gezicht, met zwarte make-up rond haar ogen. Dit is Ruben niet, dacht Nina alleen maar, en ze voelde haar wangen warm worden. Was het wel het juiste huis? Wat moest ze nou zeggen? Haar blik gleed nog eens langs de brievenbus. FAMILIE TANNEMA, dat klopte echt. Het was vast zijn moeder. Ze staarde naar de vrouw. Haar haar zat in een hoge knot op haar hoofd, er vielen wat plukjes langs haar gezicht. Nina voelde een steek in haar zij; Alfa porde met haar elleboog en maakte met haar hoofd knikbewegingen naar de vrouw. 'Zeg dan wat!' fluisterde ze.

'O, ja, sorry. Mevrouw, ik ben Nina.' Wat zei ze nou?

De vrouw glimlachte. 'Dag Nina.'

'Wij eh, wij zitten op een school en hebben een project.' Ze staarde naar de paarse laarsjes van de vrouw. 'We moeten aan, eh, kinderen vragen op welke school ze zitten en of het er leuk is. Ja, dat is het. Woont hier toevallig een kind?'

Ze wilde dolgraag door de grond van de mooie voortuin

zakken, maar toen ze omhoog keek naar de vrouw, keek die heel vriendelijk terug.
'Ik heb een zoon, Ruben, die is nu nog op school. Hij zit op de Herculesschool hier verderop op het plein, in groep zes. Het is niet zo'n leuke school, maar dat doet er niet toe.'
Nina was nog steeds rood, nu van opluchting. Bijna wilde ze zeggen dat het er wél toe deed, dat zij ook wisten hoe stom het er was voor Ruben, dat ze hem wilden helpen. Maar ze voelde Alfa aan haar mouw trekken. 'Kom, we gaan naar het volgende huis voor de enquête. Dank u wel, mevrouw!'
'Ja, dank u wel, mevrouw,' stamelde Nina. Ze keek nog drie keer over haar schouder terwijl ze het pad afliep.

Ze liepen terug naar de fietsen. Nina blies lucht in haar wangen en liet die weer ontsnappen.
'We hebben het,' zei Alfa tevreden. 'De Herculesschool. Wat gaan we nu doen?'
'We kunnen er wel even langsfietsen.' Nina haalde haar fiets van het slot. 'Gewoon om te zien hoe het eruitziet.'
'Het is handig als we de plek al hebben onderzocht.' Alfa keek op haar telefoon. 'Het is nog geen vijf uur, kan best.'
Nina had zelf geen telefoon meer. Ze had er een gehad, en nog een. Maar ze vielen uit haar zak, uit haar fietstas, uit haar handen. De eerste was kapot gevallen toen ze op de stoep op haar handen stond, de tweede deed het niet meer toen hij in de was was geweest. Je bent te onrustig voor een mobiele telefoon, had haar moeder gezegd. Gelukkig had Alfa er een en was Nina meestal bij Alfa in de buurt.

Terwijl ze wegfietsten, keek Nina nog één keer naar Rubens huis. Achter welke van de grote ramen zou zijn kamer zijn?

'Kijk!' zei Alfa zacht.

Er fietste een mager jongetje hun kant op. Al van ver zag Nina zijn dikke, zwarte bril. Hij wreef met een hand over zijn wang, toen over de andere, hij slingerde een beetje over de weg. Hij droeg een rood jasje en een zwarte broek, zijn pony waaide tegen zijn voorhoofd aan. Toen hij langs Nina reed, kon ze hem bijna aanraken. 'Niet huilen,' wilde ze zeggen. 'Ik heb je brief.' Maar ze zei niks en fietste door.

De xbox 8000

De volgende dag zaten Nina en Alfa hijgend op een bankje voor de Herculesschool. Er kwamen heel veel kleuters naar buiten, maar Ruben was nog nergens te bekennen. Nina keek naar de uitgeprinte uitnodiging in haar hand. *Zaterdagmiddag: Feest met spelletjes en cola en chips,* ALLEEN VOOR HEEL LEUKE, AARDIGE, COOLE KINDEREN. Naast haar zat Alfa net zo geconcentreerd naar de ingang van het gebouw te turen, ze draaide steeds hetzelfde vlechtje om haar vinger en ademde hard in en uit. Hun school was een kwartier eerder uit dan de Herculesschool, dus ze hadden heel, heel hard gefietst.
'Fijn dat we morgen allebei kunnen,' zei Nina. Dat had ze al een keer gezegd, maar ze was zenuwachtig, dus zei ze het nog een keer.
'Ik hoop dat het feestje mag van Rubens ouders,' zei Alfa.
Nina haalde haar schouders op. 'Die moeder leek me heel aardig.' Ze speelde met de uitnodiging in haar hand. Ze

draaide hem om, vouwde hem op, vouwde hem weer uit, las de tekst nog een keer. 'Misschien wíl hij helemaal niet,' zei ze. 'Of is-ie een kleine rotzak.'
'Sssjt!' zei Alfa en ze wees naar de uitgang van de school. Vier meisjes, van een jaar of tien, liepen giechelend naar buiten, het plein op, in de richting van Alfa en Nina. Een meter of tien bij hen vandaan bleven ze staan, bij een fiets die daar tegen een boom stond. Er vlogen flarden gegiechel over het plein.
'Die blik, hihihi.'
'Alsof hij ooit... Hahaha.'
In het midden van het groepje stond een mooi meisje met bruine krullen het hardst te lachen. 'Hé!' zei Alfa zachtjes. 'Ik ken dat meisje.'
'Welke?' vroeg Nina.
'Die met die krullen. Dat is het meisje dat zogenaamd van de muur is gevallen bij de flat. Door haar wordt de muur gesloopt.'
'Die met de gebroken enkel?' vroeg Nina.
Het meisje hupte vrolijk van de ene op de andere voet en plukte aan het zadel van de fiets totdat het zwarte laagje van het zadel kapot was en er kleine, oranjeroze stukjes uit kwamen. 'O, wat doe ik nu!' kraaide ze.
'Hihihi,' deden de anderen.
'O, Ruben!' schreeuwde het meisje met de krullen over het hele plein. 'Je zadel is kapot!'
Nina keek naar de uitgang van de school en zag het jongetje dat ze gisteren had zien fietsen naar buiten lopen. Hij keek naar de giechelende meisjes en bleef even staan. Nina zág hem zuchten, ook al stond hij aan de andere

kant van het plein. Hij zette een paar passen naar rechts, leek zich te bedenken, stond stil en liep toch naar zijn fiets toe. Nina en Alfa stonden zonder elkaar aan te kijken op van het bankje en gingen een stukje dichterbij staan.
'Wat doen we nu?' fluisterde Alfa.
'Even luisteren,' zei Nina zachtjes.
'Er zit een gat in je zadel, Ruubje!' riep het meisje met de krullen. 'Er komt spul uit.'
Ruben liep naar de meisjes toe. 'Dat is schuimrubber, Sophia. Voor de vering van het zadel.'
Sophia deed hem na met een hoge stem. '*Voor de vering van het zadel*. Wijsneus. Vind je het niet erg dan, dat je zadel kapot is?'
'Ik kan er toch nog op fietsen.' Hij haalde zijn fietssleutel uit zijn jaszak, maar tussen Ruben en zijn fiets stonden drie meisjes, Sophia voorop.
'O, Ruubje toch, zelfs je fiets gaat kapot van je negatieve uitstraling,' zei ze.
'Hihi,' deden de andere meisjes.
'Wij gaan zo een cadeautje kopen voor Sophia, voor morgen,' zei een meisje met een zeurderige stem. 'Hè, Soof?'
Het meisje met de krullen knikte. 'Lief hè. En ik heb dit al van mijn moeder gekregen.' Ze hield een steentje omhoog dat aan een ketting om haar nek hing. 'Het is een amethist, dat staat voor puurheid en wijsheid.'
Ruben schudde zijn hoofd. 'Dat heb je inderdaad wel nodig.'
Sophia negeerde zijn opmerking. 'Koop jij ook wat voor me?' vroeg ze en ze giechelde. 'O nee, wacht! Je bent niet uitgenodigd, hahaha.'
Toen begon een derde meisje te zingen, op de melodie van 'Lang zal ze leven'. 'Ruben is een loser, Ruben blijft een loser.'

'Nou ja!' fluisterde Nina. 'Ik ben nu echt fan van je in-elkaar-slaan-plan, Alf!'
Alfa schudde haar hoofd. 'Wat ben ik blij dat ik geen negen meer ben.'
Nina voelde de wind opsteken in haar hoofd. 'Kom op,' zei ze en ze stampte met haar gele laarzen op het groepje af. 'Hé, Ruben!' zei ze heel hard. Ze duwde het meisje met de zeurderige stem opzij. 'Ik dacht al dat ik je zag!'
'Hé, Ruben!' zei Alfa. 'Leuk je weer te zien.'
Zodra ze naast Ruben stonden, hield het zingen op. Nina en Alfa waren een stukje groter dan de meisjes en een kop groter dan Ruben. Die keek verbaasd van de twee vriendinnen naar zijn klasgenoten. Voor hij iets kon zeggen, sloeg Nina een arm om zijn schouders. 'Kom je morgen?'
'Ja, Ruben,' zei Alfa. 'We hebben alles klaar. Het wordt een superfeest.'
Ruben slikte. Hij keek haar vragend aan.
'Ons feest morgenmiddag, je weet wel,' zei Nina en ze glimlachte. 'Hier, de uitnodiging.' Ze duwde het papier in zijn hand.
Sophia ging achter Ruben staan om mee te lezen. 'Ja hoor,' zei ze. 'Alleen voor coole kinderen. Waarom kom ik dan niet? En wat moet hij daar? Weten jullie wel wat voor een loser hij is? Hij heeft een supernegatieve aura, *bad vibes*.'
'Wij vinden hem heel aardig,' zei Alfa. 'Misschien snap je dat pas als je onze leeftijd hebt. Hoe is het met je enkel?'
'Huh?' zei Sophia en ze keek even omlaag. 'Mijn enkel? Wat is dat nou weer voor domme vraag?'
'Wat voor feestje is dat dan?' vroeg een van de andere meisjes en ze wees op de uitnodiging.

'Gewoon,' zei Nina. 'Muziek, chips, cola, spelletjes.'
'Spelletjes? Pffff! Superkinderachtig.' Sophia lachte en haar vriendinnen lachten een beetje mee, maar niet zo hard als net.
'Computergames, sukkel,' zei Alfa. 'We hebben de xbox 8000.'
'Die bestaat niet eens,' zei een van de meisjes.
'Jawel, mijn vader komt uit Amerika,' zei Alfa snel. 'Die heeft hem meegenomen, die werkt voor de xbox-fabriek.'
'Ja hoor,' zei Sophia alleen nog.
'Feestjes zijn altijd leuker als jij erbij bent, Ruben,' zei Nina. 'Laat hem eens bij zijn fiets.'
De meisjes gingen opzij en Ruben maakte zijn fiets los.
'Kom, we gaan,' zei Nina.
Ze wandelden met z'n drieën het plein over. De meisjes keken hen na.
'Tsss,' zei er één.
'Pfff,' een ander.
'Ja hoor,' zei Sophia. 'Whatever.'

'Wat een stomme trutten,' zei Nina toen ze bij haar fiets stond, aan de andere kant van het plein.
'De xbox 8000!' zei Alfa lachend. 'Mijn vader weet echt níks van computerspelletjes. En hij komt uit Haïti, niet uit Amerika!'
'Het klonk goed,' zei Nina. Ze liepen de hoek om met hun fiets aan de hand.
Ruben liep zwijgend mee. Zodra de meisjes ze niet meer konden zien, vroeg Nina: 'Ruben, dat vreselijke meisje met de krullen was Sophia, toch?'

'Ja,' zei Ruben zachtjes. Hij slikte even. 'Ik ken jullie toch helemaal niet?'
'Nina's vader is postbode,' zei Alfa.
'O,' zei Ruben. 'Leuk.'
Nina stopte met lopen en keek hem aan. 'Hij, ehm, had een brief voor het Ministerie van Oplossingen.'
'O!' zei Ruben.
'Het spijt me dat ik hem heb opengemaakt,' zei ze snel. 'Misschien vind je dat wel verschrikkelijk. Maar dat ministerie bestaat niet en mijn vader dacht dat het misschien een grap was en er was geen adres om hem naar terug te sturen, dus mijn vader wilde de brief naar zomaar een ministerie sturen en dan zou niemand hem ooit lezen en ik dacht...' Ze ademde diep in. Was Ruben boos? Hij had grote, bruine ogen die haar van achter zijn dikke bril heel serieus aankeken. 'Ik was zo benieuwd dat ik hem heb gelezen,' ging ze verder. 'En toen dacht ik, toen dachten wij, dat we je misschien konden helpen.'
'Precies,' zei Alfa.
'Dus dat feestje zaterdag, dat is niet echt?' vroeg Ruben. 'Het is een soort grap?'
'Nee!' zei Alfa. 'Ik heb zin in een feestje. Wij zijn alleen de enigen die zijn uitgenodigd. Wij twee en jij.'
'En waar is het dan?' vroeg Ruben.
'We hadden bedacht dat het misschien bij jou kon?' zei Nina. Ze keek naar Alfa. Het had zo logisch geklonken toen ze het hele plan hadden bedacht thuis, maar nu werd ze onzeker.
'Bij mij?' Ruben zette zijn bril recht en knikte. 'Da's goed. Ik heb een heel gave kamer.'

Een geheim dat niet meer bestaat

Het was waar, Ruben had een heel gave kamer. Eigenlijk was de hele zolder zijn kamer. Hij had een groot tapijt van groene pluisjes, waardoor het net leek alsof er gras op de grond lag. De muren van de zolder liepen over in een schuin dak met twee ramen aan de voorkant en eentje aan de zijkant. In het trapgat hing een grote wereldkaart. Rubens meubels waren van hout: het bed, de kasten en het bureau. Boven op dat bureau stond een fonkelnieuwe laptop. 'Kijk,' zei Ruben en hij deed iets met zijn mobiel. De computer ging aan en er klonk muziek uit alle hoeken van de kamer. 'Ik heb boxjes tegen het plafond geplakt. Nu is het een echt feest.'
'Het is net een boomhut,' zei Nina. 'Een boomhut uit de toekomst.'
'Komen er wel eens kinderen uit je klas hier?' vroeg Alfa met haar hoofd in haar nek. 'Als ze je kamer zien, vinden ze je vast niet stom meer.'

'Ik ben ook niet stom,' zei Ruben gelijk.
Alfa sloeg haar hand voor haar mond. 'Nee! Dat bedoel ik ook niet. Ik bedoel alleen, nou ja, het is hier cool.'
Ruben schudde zijn hoofd. 'Vroeger kwamen er heel vaak kinderen uit de klas. Maar sinds Sophia erbij kwam vorig jaar niet meer. Iedereen gelooft dat ik een slechte sfeer uitstraal. En nu zijn ze dus allemaal bij haar thuis en ze geven haar cadeautjes en lachen om haar stomme grapjes.' Hij zuchtte even diep.
'Grijpt je juf niet in?' vroeg Nina.
'Juist niet,' zei Ruben en hij rolde even met zijn ogen. 'Ze vindt Sophia's haar zo leuk en haar kleren zo origineel. Juf Iris heeft nooit door dat Sophia gemeen doet.'
'Ik werd vroeger ook gepest,' zei Alfa en ze draaide aan een vlechtje.
Nina keek verbaasd op. Dat wist ze niet.
'In de straat bij m'n moeder, niet op school. Dat ik bruin was en naar poep stonk. Toen ging ik me drie keer per dag wassen.'
'Wat zielig,' zei Nina.
'Mijn moeder zegt dat kinderen soms nou eenmaal stom doen en iets makkelijks kiezen om je mee te pesten,' zei Alfa.
'Sophia heeft juist iets ingewikkelds gekozen,' zei Ruben. 'Hoe kan ik nou bewijzen dat ik een mooie aura heb als niemand die ziet?'
Nina schudde haar hoofd. 'Ja, wat een onzin.'
'Ik kon ook niet niet-bruin worden,' zei Alfa. 'Ze moeten gewoon hun kop houden.'
'Je kunt wel nieuwe vrienden maken!' zei Nina tegen Ru-

ben. Ze wees op de plastic bak chips die ze op het groene kleed had gezet en op de boxjes tegen het plafond. 'We zitten hier wel zomaar op het beste feest van de stad! Muziek, cola, chips. Wij. Kan niet beter!'

Rubens moeder had eventjes raar opgekeken toen Alfa en Nina opnieuw voor de deur stonden die middag.
'Hé, jullie waren van die enquête!' zei ze.
'Toevallig hè,' zei Ruben gelijk. 'Ik kwam ze later op straat tegen, toen bleken ze aardig.'
'En jij ook,' zei Alfa.
Rubens moeder moest lachen. 'Jullie bleken allemaal aardig. Nou ja, dat lijkt me een goede uitkomst.' Ze vond het prima dat ze met z'n drieën een feest hielden op zolder.

Ze luisterden muziek en kletsten een beetje. Ruben vertelde over zijn ouders, die allebei dokter waren, en over Mare, zijn grote zus die al op kamers woonde. Nina beschreef de baard van haar vader en vertelde dat ze enig kind was. Alfa vertelde over haar twee zusjes, over het feit dat haar ouders aan verschillende kanten van de stad woonden en ze verbaasde zich er nog een keer over dat ze Sophia al een keer eerder had gezien. 'Ze heeft onze speelmuur verpest, de énige plek in de buurt waar je nog kon spelen.'
'Dan kom je toch hier spelen,' zei Ruben.
'Hier kan ik geen bal tegen de muur schoppen,' zei Alfa terwijl ze om zich heen keek.
'Nee, doe maar niet,' zei Ruben lachend. Toen was het een tijdje stil.

'Sophia doet heel veel van dat soort dingen, hoor,' zei Ruben toen. 'Er is een meisje uit groep vier dat ze pest omdat ze heel stil is. Ze fietst met haar vriendinnen langs de woonboten bij het kanaal en gooit afval op het dek van de boot van een oude man. Ze heeft het konijn van een van de juffen laten weglopen door het hok open te zetten. Ik bedoel, niemand zegt dat Sophia het doet. Ze ziet er zo lief en mooi uit en ze zegt altijd de juiste dingen. Maar ik weet zeker dat zij het is.'
'Hoe weet je dat dan?' vroeg Alfa.
Ruben werd een beetje rood. 'Soms eh, fiets ik achter ze aan. Heel ver achter ze, zodat niemand me ziet.'
Nina bedacht opeens iets. 'Strooit ze wel eens punaises op fietspaden?'
Ruben knikte. 'Vast wel. Dat is typisch Sophia. Ze pest heel veel mensen en niemand komt er ooit achter dat zij het was.'
'Wow,' zei Nina en ze schudde haar hoofd. 'Dat één iemand zo veel stomme dingen kan doen.'
'Ze is niet alleen,' zei Ruben. 'Die drie meisjes die bij mijn fiets stonden gisteren, Jasmin, Erika en Hada, die helpen haar met alles. En als de juf vraagt of ze me pesten, dan kijken ze alle vier zo snoezig en schattig dat niemand gelooft dat ze iets verkeerd doen.'
'De snoezige pestkoppen,' zei Alfa. 'Dat klinkt als een film.'

Ze luisterden nog wat muziek en aten chips. 'Wat ik nog niet snap,' zei Nina na een tijdje, 'is dat je een brief hebt gestuurd aan een ministerie dat niemand kent.' Ze had er

veel over nagedacht de afgelopen dagen. Ze had het zelfs aan de juf gevraagd, die gelijk alle ministeries op het bord had geschreven. Voor verkeer, onderwijs, voor het buitenland. Maar niet van oplossingen.
'Ik kende het ook niet,' zei Alfa. 'En online is helemaal niks te vinden.'
'Nee, ik check het heel vaak maar ik vind nooit iets,' zei Ruben. 'Ze deden hun werk altijd in het geheim. Maar juist via de post zou het moeten lukken, vroeger wel tenminste. Bij de post wisten ze waar die brieven heen moesten.' Hij ging heel recht zitten en leek een stuk ouder dan negen. 'Het was een echt ministerie. Het zat in een geheime kelder in Den Haag. Ze waren de hele dag bezig om problemen op te lossen van mensen die ze niet kenden.'
'Bijzonder,' zei Nina. 'En die problemen kregen ze via de post?'
Ruben schudde zijn hoofd. 'Nee, dat was maar één manier. Ze luisterden heel veel af, gewoon op straat als mensen klaagden terwijl ze op de bus wachtten, of ze vroegen het aan huisartsen en schooljuffen en aan de pastoor van de kerk.'
Nina en Alfa keken elkaar even aan. 'Maar Ruben, denk je écht dat het Ministerie van Oplossingen bestond?' vroeg Nina. 'Kan het niet zijn dat iemand het heeft bedacht? Je buurvrouw, toch?'
Ruben schudde zijn hoofd. 'Nee joh. Die verzint dat echt niet.'
'Ken je haar goed?' vroeg Nina.
Ruben knikte. 'Heel goed. Mijn ouders zijn vaak aan het werk en dan ga ik naar mevrouw Vis. Ik heb mijn eigen

sleutel van haar huis.' Hij pakte zijn bril van zijn neus en begon met zijn mouw het glas te poetsen.
'Is ze dan misschien heel erg oud?' vroeg Alfa.
'Ze is best heel oud,' zei Ruben.
'Zo best heel oud dat ze gekke dingen gaat zeggen?' vroeg Alfa.
Weer schudde Ruben zijn hoofd. 'Ze is mega-oud. Maar ze is niet in de war. En zelfs als je in de war bent, kun je niet zoiets groots als het Ministerie bedenken. En al die boeken zeker zelf volschrijven!'
'Welke boeken?' Nina nam nog wat chips.
'Haar huis staat helemaal vol met de boeken van het Ministerie,' zei Ruben en hij zette zijn bril weer op. 'Oude boeken, waarin de mensen die er werkten alle zaken hebben opgeschreven die ze hadden opgelost.'
'Em die heb je geziem?' vroeg Nina met volle mond.
'Ja, ze staan in de woonkamer, ik blader er wel eens doorheen. Het is heel spannend. Zaken van honderdtwintig jaar geleden.'
'Is ze zo oud!?' Alfa viel bijna om.
'Nee!' riep Ruben. 'Ze heeft het archief. Dat betekent dat ze alle boeken heeft die ooit van het Ministerie waren. Toen het ophield te bestaan, mocht zij ze hebben.'
'Maar als je wist dat het niet meer bestond, waarom stuurde je dan toch die brief?' vroeg Nina.
Ruben haalde zijn schouders op en zag er weer uit als een jongetje van negen. 'Ik dacht, misschien bestaat het in het geheim nog steeds. Dat ze dat niet verteld hebben aan de buurvrouw, maar dat ze nog wel problemen oplossen.'
'Niet dus,' zei Alfa.

'Wat voor problemen losten ze op dan?' vroeg Nina. Ze vond het nu toch wel heel stoer klinken, dat ministerie.
Ruben stond op. 'Als je geen baan had of te weinig geld of je wilde een vriendin omdat je eenzaam was, dan regelde het Ministerie dat stiekem voor je. Of als je gepest werd.'
'Hoe kan het nou dat ik er nog nooit van heb gehoord!' riep Nina. 'Zoiets gaafs. Tot wanneer bestond het, volgens je buurvrouw?'
'Dat weet ik niet meer, best lang geleden. Weet je wie dat weet?'
Nina en Alfa keken Ruben vragend aan.
'De buurvrouw! Kom, we gaan naar haar toe.'
'Wat?' zei Alfa. 'Nu? Maar het is avond en misschien is ze er niet of ze heeft bezoek en we storen en dan wordt iedereen boos!'
Ruben lachte. 'Ze heeft nooit bezoek. We kunnen echt gewoon langsgaan en het is pas halfvijf.'
'Leuk!' zei Nina. 'Het coolste feest van de stad is nu nog cooler. Chips, muziek en een buurvrouw die heel oud is.'
'En blind,' zei Ruben.
Nina knikte. 'Oké. Heel oud én blind.'

Een pluizige bibliotheek

'Moeten we echt niet aanbellen?' Alfa draaide aan een vlechtje. Het huis van de buurvrouw zag er uitgestorven uit vanbuiten. De gordijnen waren dicht, nergens brandde licht. Tegen het grote raam naast de deur groeide klimop.
'Nee, aanbellen heeft geen zin, ze doet nooit open.' Ruben draaide de sleutel in het slot en duwde de deur langzaam open.
Nina en Alfa volgden hem naar binnen. Alfa deed de deur zachtjes achter zich dicht.
De gang was donker. Veel te donker voor een gang in een normaal huis. Ze konden Ruben nauwelijks zien, maar hoorden hem een paar passen voor hen uit lopen. Als je blind bent, hoef je geen lichten aan, bedacht Nina. Ze voelde Alfa aan haar mouw trekken.
'Nina, misschien lokt Ruben ons wel naar een gevangenis.'
'Doe normaal,' siste ze.

'Maar we kennen hem pas net en het is hier zooooo donker, niemand zou ons vinden.'
De gang rook naar oud stof en naar dieren. 'Heeft ze een poes?' fluisterde Nina voor zich uit.
'Ja, twee,' zei Ruben op gewone toon. Hij stopte en klopte op een deur. 'Mevrouw Vis, ik ben het, Ruben.' Hij deed de deur van de woonkamer open. Nina liep voorzichtig naar binnen en knipperde met haar ogen, Alfa liep achter haar aan. De kamer was lichter dan de gang, ook al waren de gordijnen dicht. Aan het plafond hingen twee reusachtige kroonluchters. Op de vloer lag dik, rood tapijt en tegen de muren leunden oude kasten vol boeken. Er stond een ronde, houten tafel met vier stoelen tegen het raam naar de tuin aan en verder stond er in de kamer maar één meubel: een grote, bruine, pluchen stoel met daarin een skelet. Tenminste, dat was het eerste wat Nina dacht. De oude dame in de stoel was zo mager en zat zo ver naar achter geleund dat het heel even leek alsof ze dood was.
'Mevrouw Vis, ik heb twee, ehm, vriendinnen meegenomen, Alfa en Nina. Ze zijn heel erg benieuwd naar het Ministerie.'
De vrouw tilde een arm op van de stoelleuning en bracht langzaam haar pols omhoog totdat ze even met haar hand kon zwaaien. 'Dag dames.' Haar stem klonk zacht en krakerig.
'Dag mevrouw,' zei Nina zachtjes.
'Hallo mevrouw,' zei Alfa nog zachter.

Ruben ging zitten op de grond tegenover de buurvrouw, Nina en Alfa deden hetzelfde en keken om zich heen. De kamer werd verlicht door het zachte licht van de kroonluchter en leek op een pluizige, magische bibliotheek met in het midden mevrouw Vis. Ze had grijs haar in een warrig knotje, haar wangen waren ingevallen en haar ogen weggedraaid, je zag alleen maar wit. Zou dat pijn doen? dacht Nina. Achter het hoofd van de oude vrouw, op de rugleuning, zat een bruine kat.

Mevrouw Vis draaide haar gezicht in de richting van de kinderen. 'Dus jij hebt Ruben gered van die krengen,' zei ze. Haar stem klonk nu zo krachtig en helder dat Nina ervan schrok.

'Eh, ja. Ja, samen met Alfa.' Ze wees naar Alfa en liet toen haar arm weer zakken omdat mevrouw Vis dat toch niet kon zien.

'Willen jullie iets drinken?' vroeg mevrouw Vis. 'Ruben, je weet waar het staat.'

Ruben stond op en verdween door een deur rechts van de pluchen stoel. Nina kon door een kiertje een paar witte keukenkastjes zien.

Mevrouw Vis glimlachte. 'Goed hoor, meiden. Ruben vertelde het, ik vind het een prachtige actie. Ik erger me al zo lang aan de monsters uit zijn klas, maar ik kan vanuit mijn stoel zo weinig uithalen. Een brief onderscheppen en dan een feest verzinnen. Jullie hadden zo bij het Ministerie gekund!'

Nina rechte haar rug. Ze wist nog weinig van het Ministerie, maar dit klonk alvast goed.

Ruben kwam binnen met een klein dienblad met drie glazen appelsap en een glas water erop. Hij hield het water tegen de hand van de buurvrouw aan, die het aanpakte. Het dienblad zette hij op de grond.

Mevrouw Vis nam een slokje water en kuchte.
'Goed, jullie willen dus iets weten over het Ministerie van Oplossingen.'
Nina knikte, bedacht zich weer en zei: 'Ja, mevrouw.'
'Ze hadden er nooit van gehoord en konden online ook niks vinden,' zei Ruben.
'O nee, er is niks over te vinden, hoor! We deden alles altijd in het uiterste geheim. En als er iets over zou worden geschreven, dan zorgt het Internationale Genootschap ervoor dat het gelijk verdwijnt.'
Nina slikte. Een internationaal genootschap? Dat klonk spannend. Ze keek hoe mevrouw Vis verschoof in haar stoel, waardoor de kat van de leuning sprong. Hij kwam met een plof op het tapijt neer en schoot weg achter de gordijnen.
'Ik was nog maar een meisje toen ik er kwam werken,' ging de buurvrouw verder. 'Negentien jaar oud.' Ze had haar handen over elkaar op haar schoot gelegd en leunde een beetje naar voren, naar de kinderen toe. 'We waren met vijftien ambtenaren.'
'Wat zijn ambtenaren, mevrouw?' vroeg Alfa.
'Mensen die voor de overheid werken,' zei Ruben.
'Precies,' zei mevrouw Vis. 'We waren met vijftien ambtenaren en ik was de jongste. Ik kon toen nog gewoon zien en wat ik zag op mijn eerste dag was een prachtig gebouw, met een enorme vijver en dan een poort en een pleintje. Ik dacht dat ik op een paleis kwam werken!' Ze glimlachte. Nina glimlachte ook. Het idee van de oude buurvrouw als jonge vrouw bij een paleis vond ze mooi.
'Het was net vijf jaar lang oorlog geweest, de scholen wa-

ren dicht geweest, vriendinnen waren verhuisd en sommige waren dood. Ik stond die ochtend te wachten op Tirza de Vries en ik dacht: mooi, nu begint mijn leven dan eindelijk echt. En dat deed het ook.' De wangen van mevrouw Vis waren rood geworden, ze zag er nu veel voller en levendiger uit.

'Wie was Tirza de Vries?' vroeg Alfa zachtjes.

'Ah!' Mevrouw Vis glimlachte weer. 'Je kon alleen bij het Ministerie werken als je een keer een goede daad had verricht voor een vreemde. Ik keek op een avond in 1944 uit het raam van de huiskamer en zag een groep Duitse soldaten lopen. We woonden op de hoek van de straat en door het andere raam zag ik een meisje van een jaar of zestien aankomen dat heel snel door de straat wandelde. Dat mocht niet, moet je weten, we mochten in het donker niet de straat op, en ze liep récht op die soldaten af. Dus rende ik de trap af, deed snel de deur open en trok haar naar binnen nét voordat de soldaten de hoek om kwamen en haar zagen. Dat meisje was Tirza de Vries en twee jaar nadat de oorlog voorbij was, kwam ze me halen voor een baan bij het Ministerie. Dat was maar goed ook, want ik werkte bij een groenteboer en ik schilde de hele dag aardappels, het saaiste werk van de wereld.'

'Wat deed u dan bij het Ministerie?' vroeg Nina. 'Dat snap ik nog niet.' Ze keek even naar de anderen. 'Of is dat heel dom?'

'Het is zeker niet dom,' zei mevrouw Vis. 'Je bent hoogstens wat ongeduldig.' Ze glimlachte. 'Ik zal het uitleggen. We losten problemen op van mensen zonder dat die mensen wisten dat we dat deden. Ik hoorde bijvoorbeeld van mijn tante over haar buurman die soldaat was geweest en nog maar één been had. Die kon de trap naar zijn huis niet meer op en hij had ook al geen baan. Dat was duidelijk een probleem. Dan ging ik op zoek naar iemand die op de benedenverdieping woonde maar liever een bovenhuis wilde. Daarna zorgde ik dat ze elkaar ontmoetten en van huis konden ruilen. En ik regelde een baan, stiekem.'

'Hoe kon u stiekem een baan regelen?' vroeg Nina.

'We deden een briefje zonder afzender door de brievenbus bijvoorbeeld. *Beste meneer, Bakker Van Vliet zoekt een assistent, twee benen niet nodig*. En dan kocht een van ons brood bij Bakker Van Vliet en vertelde tussen neus en lippen door dat er een oud-soldaat was die hard kon werken en dat hij snel langs zou komen.'

Mevrouw Vis zuchtte even diep en nam nog een slok water. 'Of er was een weduwe met vijf kinderen en heel weinig geld, die een nieuw bed nodig had. Dan kochten we een bed voor haar en deden we net alsof ze het had gewonnen bij een buurtloterij waar je geen lot voor hoefde te kopen. Dan belde een van ons aan, met het goede nieuws van de loterij en een fotograaf erbij, zogenaamd van de lokale krant. Het was erg leuk werk om te doen.'

'Dat snap ik,' zei Nina. Het leek haar fantastisch werk.

'Waarom moest het stiekem?' vroeg Alfa. 'Het lijkt me juist zo leuk om aan mensen te vertellen dat je ze hebt geholpen.'

'O, nee, dat mocht niet.' Mevrouw Vis schudde haar hoofd. 'Er waren heel strikte regels. Anders had iedereen om hulp gevraagd en dan konden we ons werk niet meer doen.

We konden wel wát geld geven aan arme gezinnen, maar niet aan iedereen. Bovendien is het veel beter als mensen denken dat ze een probleem zelf hebben opgelost. Het was een van de belangrijkste regels van het Ministerie: alles moest in het geheim gebeuren. Al probeerden de Zilvermannen er natuurlijk álles aan te doen om onze geheimen te ontdekken.'

'De wat?' vroeg Nina.

'De Zilvermannen,' zei mevrouw Vis. 'Mensen die probeerden het werk van het Ministerie te dwarsbomen. Ze droegen een zilveren broche.'

'Een broche?' vroeg Alfa.

'Dat is een soort sieraad,' zei Ruben.

Alfa knikte. 'Ah.'

'Ze doken overal op,' ging mevrouw Vis verder. 'Maar daar vertel ik een andere keer wel over.'

'En jullie schreven alles op, toch?' vroeg Ruben terwijl hij om zich heen keek, naar de boekenkasten vol dikke boeken.

'Ja!' zei mevrouw Vis. 'Elke keer dat we een zaak klaar hadden, tikten we een stukje. Dat stuurden we naar het Internationale Genootschap in Genève, samen met foto's, bonnen, plattegrondjes, alles wat met de zaak te maken had. Aan het eind van het jaar werd daar een boek van gemaakt.' Ze wees op de boekenkast achter haar stoel en op de kasten verderop in de kamer. 'Jullie mogen erin kijken hoor, het is heel leerzaam. Heeft iemand een probleem?'

De drie kinderen bleven stil.

'Alleen als voorbeeld, hoor,' zei mevrouw Vis.

'Alfa, je muurprobleem,' fluisterde Nina iets te hard.
De buurvrouw fronste haar wenkbrauwen. 'Vertel.'
Alfa wiebelde heen en weer. 'Ehm, bij mijn vader, die woont in de Lindeflat, hebben we een soort speelmuur op de parkeerplaats. Daar voetballen we tegenaan en de oudere jongens zitten erbovenop en het is altijd gezellig.'
'Dat klinkt nog niet als een probleem,' zei mevrouw Vis met een glimlach.
'Ja, maar nu staat er een hek omheen,' ging Alfa door. 'Er is iemand vanaf gevallen en nu wil de gemeente de muur slopen. En er is verder echt helemaal niks in de buurt om te spelen of rond te hangen.'
'Ik snap het,' zei mevrouw Vis. 'En dat muurtje, zit het ergens aan vast, aan een huis of iets dergelijks?'
'Nee,' zei Alfa. 'Het staat er gewoon, aan de rand van een parkeerterrein.'
'En vallen er wel vaker kinderen vanaf? Want een gevaarlijk muurtje moet je niet redden, natuurlijk.'
'Nee!' riep Alfa. En toen zachter: 'Het was datzelfde meisje dat Ruben pest, Sophia. Ze woont niet eens bij ons in de buurt, maar ze deed alsof ze van de muur viel en haar enkel pijn deed.'
'Dat soort dingen doet ze,' zei Ruben. 'Voor aandacht.'
'Ik snap het,' zei mevrouw Vis. 'Ruben, kun jij een boek voor me pakken?'
Ruben stond op.
'In de tweede kast vanaf het raam, tegen de muur tegenover me en dan op de derde plank van onder. 1952-1.'
Ruben liep naar het raam, naar de tweede kast, zocht even, bukte, pakte een dik, donkerrood met zwart boek

en liep trots terug met 1952-1, dat hij voor de voeten van Alfa en Nina legde.
'En pak nu in de kast hier naast me van de onderste plank boek 1925-2.'
Ook dat legde Ruben op de grond neer, voor de voeten van de rest. Het boek uit 1925 was donkerblauw, met een gouden band horizontaal over de kaft heen.
'Ergens tussen begin mei en half juni in 1952 staat een zaak over een speelveldje,' zei mevrouw Vis. Ze zag er weer bleek uit en haar stem was zachter aan het worden. 'En iets over een muur in september of augustus 1925. Neem ze maar mee naar Rubens kamer en ga maar zoeken. Wie weet heb je er wat aan.'
'Dank u wel,' zei Alfa, en ze aaide even over de kaften van de stoffige boeken.
'U had het in het begin ook over een Internationaal Genootschap,' zei Nina. 'Wat was dat dan, mevrouw Vis?'
De buurvrouw leunde met haar hoofd tegen de hoofdsteun van de stoel aan en ademde diep in. 'Alle Ministeries van Oplossingen van de wereld waren aangesloten bij het Internationale Genootschap. Maar ik begin erg moe te worden. Zal ik morgen verder vertellen?'
Nina knikte gretig. 'Mogen we dan weer komen?'
'Natuurlijk,' zei mevrouw Vis. 'Gezellig. En dan mogen jullie op zolder door de oude spullen snuffelen. Er staat een mooie kist vol.'

Gemene dingen met foto's

'Nina? Heb jij die brief aan dat ministerie ergens gezien?' vroeg Nina's vader. 'Ik ben hem al dagen kwijt.' Het was zondagochtend en hij liep met grote passen door de kamer. Nina's moeder tilde overal stapeltjes papieren op en legde ze weer terug.
Nina voelde haar wangen rood worden. Ze had de brief nog niet teruggelegd! Ze was zo bezig geweest met Ruben en het feestje en het Ministerie dat ze hem gewoon helemaal was vergeten en nu was het al zondagochtend.
'Brief?' zei ze, zo sloom mogelijk. 'Hm, nee.' Ze trok aan haar paardenstaart.
Haar vader verschoof de kussens van de bank en legde ze weer terug. Toen ging hij voor Nina's stoel staan. 'Nina?'
'Ja papa.'
'Ik heb geleerd dat als er iets geks aan de hand is hier in

huis, dat jij daar meestal mee te maken hebt. Weet je nog toen de elektriciteit niet meer werkte?'

Nina knikte. Ze had alle knoppen in de stoppenkast ingedrukt, het duurde dagen voordat de boel weer op orde was.

'Dat was omdat je wilde leven zoals in de middeleeuwen,' zei haar vader streng.

'En toen er een zwerver aan tafel zat?' riep haar moeder, die op de grond lag en met een zaklamp onder de grote kast keek.

'Maar toen was het superkoud buiten!'

Haar vader trok aan zijn baard. 'En mama's autoradio is kapot omdat je heel erg hard op alle knopjes hebt gedrukt toen je radiosignalen van een andere planeet wilde opvangen.'

'Sorry papa.'

'Dus?'

Nina slikte. 'Gaan ze je ontslaan?'

'Ik hoop het niet. Ik heb ze verteld dat ik de brief vergeten was, maar dat hij thuis lag. Hij moet gewoon terug, dat hoort bij mijn baan, ik ben verantwoordelijk voor de brieven en mijn baas heeft er al twee keer naar gevraagd.'

'Ik help wel mee zoeken,' zei Nina. 'Ehm, ik kijk boven wel.'

Nina's vader schudde zijn hoofd. 'Boven? Hoe kan die brief nou boven zijn?'

Nina stormde de trap op, vloog haar kamer in en deed meteen de deur achter zich dicht. Ze schoof haar hand onder haar matras en pakte de brief. Ze las hem nog een keer door en glimlachte. Ze hadden een leuk feestje gehad, gisteren, vast veel leuker dan het feestje van die stomme Sophia. Vanmiddag zouden ze opnieuw naar mevrouw Vis gaan voor nog meer verhalen over het Ministerie. Nina was al bijna vergeten dat ze eerst niet geloofde dat het echt had bestaan. Ruben had nu zelfs twee oude boeken vol opgeloste zaken op zijn kamer! Ze voelde een steekje boosheid in haar maag als ze aan Ruben dacht. Het was zo'n aardige jongen, en zo klein nog. Die tuthola's uit zijn klas waren gemeen. Ze waren nu dan wel vrienden, maar het probleem was nog niet helemaal opgelost. Wat zou het Ministerie gedaan hebben aan een meisje dat overal ellende veroorzaakte? Hadden ze Sophia stiekem ontvoerd en weer vrijgelaten in een heel ver land? Zouden ze ratten in haar meisjeskamer hebben losgelaten om haar een lesje te leren? Ze zou het mevrouw Vis eens vragen. Ze pakte een lijmstift uit de la van haar bureau en deed een heel dun laagje op de flap van de envelop. Ze duwde de twee kanten tegen elkaar en keek tevreden naar het resultaat.

'Pap! Mam! Ik heb hem!' Ze rende naar beneden met de brief in haar hand. 'Hij lag in de, ehm, wasmand.'
'In de wasmand?' Haar vader pakte de brief en hield hem tegen het licht. 'Het lijkt net alsof hij open is geweest.' Hij keek zijn dochter aan en trok weer aan zijn baard.
Nina schudde haar hoofd. 'Hoe kan-ie nou open zijn geweest als hij in de wasmand lag?' Ze liep snel naar de keuken om wat limonade te maken en glimlachte. Zo. Dat had ze goed opgelost.

’s Middags om één uur stonden Alfa en Nina voor de deur van Ruben. Toen hij opendeed, vertrok zijn gezicht. ‘O, nee!’ fluisterde hij.
‘Wat is er?’ vroeg Alfa. ‘Je wist toch dat we langs zouden komen? We gaan weer naar...’
Ruben schudde zijn hoofd en wees naar de straat.
Onder een hoge kastanjeboom aan de overkant stonden Sophia en Jasmin.
‘Wat doet ze nou?’ vroeg Nina.
‘Ze maakt foto’s, geloof ik,’ zei Ruben.
Sophia hield haar mobieltje omhoog, gericht op Ruben en de meiden.
‘Waarom doet ze dat?’ vroeg Alfa.
‘Hé, klein monster!’ riep Nina. ‘Maak je een film?’ Ze draaide een rondje en maakt een diepe buiging. ‘Tadaaa!’
‘Wat doen júllie is een betere vraag,’ riep Sophia. ‘Vertel eens, Ruubje, wat spook je uit?’
‘Bemoei je met je eigen zaken,’ riep Nina.
Ruben trok aan haar jas. ‘Niet doen, alsjeblieft. Ik wil niet dat je haar aandacht geeft, dan wordt het alleen maar erger.’
Nina haalde haar schouders op en liep achter Ruben aan naar binnen.

Boven op zijn kamer waren ze alle drie even stil.
‘Wat voor gemene dingen kun je doen met foto’s van ons?’ vroeg Ruben. ‘Want geloof me, ze verzint wel wat.’
‘Op internet zetten?’ zei Alfa. ‘Met een stomme tekst erbij?’
‘Of bewerken zodat het net lijkt alsof we naakt zijn of zo.’
Ruben keek angstig.

Maar Nina haalde haar schouders op. 'Daar moet je niet over nadenken.' Ze schudde haar laarzen uit, de blauwe, en zette ze bij de trap. 'Laat haar maar lekker stom doen, wij zijn iets veel en veel belangrijkers op het spoor.'
'Oplossingen!' riep Alfa. 'Zullen we heel even in die boeken kijken?'
'Jaaaa!' Nina sprong op en wierp zich op 1925-2. 'O-o, wat heeft ze ook alweer gezegd, waar moet ik zoeken?'
'Ergens tussen begin mei en half juni,' zei Ruben. 'En die ander in augustus of september.'
Nina keek hem lachend aan. 'Slimpie.' Toen ging ze in kleermakerszit op het groene pluisjestapijt zitten en begon voorzichtig te bladeren in het oude boek. Er steeg een stofwolkje op vanaf de kaft.
'1925 – mei, *Het meisje dat zoo graag een zusje wilde*,' las Nina voor.
'1952 – augustus, *De zaak van de verbrande meubels*,' las Alfa, die met het boek in haar hand tegenover Nina op de grond ging zitten.
'1925 – mei, *De mislukte oogst van boer Felix*,' zei Nina. 'Kijk, met plaatjes. *Dwergtarwe, Gewone tarwe, Emmertarwe*.' Ze hield het boek omhoog zodat de anderen de ingeplakte tekeningen ook konden zien.
'1952 – augustus, *Drie zusters die strijden om dezelfde man*,' ging Alfa verder.
'Haha, hoe lossen ze dat op?' vroeg Nina.
Alfa las het stuk tekst over de zussen en de man snel door. 'Ze hebben mannen gezocht die leuk waren en die op de zussen afgestuurd. In de winkel, in de Dorpsstraat, in het café. Net zolang tot ze alle drie verliefd waren.'

'En die ene man dan?' vroeg Nina. 'Die eerste?'
Alfa giechelde. 'Die was op iemand anders, een vrouw met rood haar uit Haarlem.'
Daarna bladerden ze in stilte de dikke boeken door, op zoek naar een zaak over een speelveldje en een over een muur. 'Ik heb wat!' zei Alfa. '1952 - juni, *Hoe een speelveldje werd gered.*'
'Ja!' riep Nina. 'Lees voor!'
Alfa rechtte haar rug en las de zaak voor.

Het speelveldje aan de Adriaan Minkemalaan te Waddinxveen werd door de jeugd gebruikt voor voetbal, verstoppertje en picknicks. De gemeente wilde echter een kruidenier op de plek van het veldje. Er was reeds een kruidenier in het dorp en veel buurtbewoners stuurden brieven aan de gemeente om het veldje te behouden. Dit hielp niet (al zorgde het er wel voor dat het MVO over deze zaak vernam). Wij hebben een controleur naar het veldje gestuurd, die spoedig tot de conclusie kwam dat het de enige groene plek in de wijde omgeving was. Volgens de wet heeft een kind het recht op een speelplaats en moet er daarom altijd binnen een kilometer een speelplek te vinden zijn. Zonder het veldje zou er een compleet nieuwe speeltuin moeten komen, wat meer zou kosten. Toen de gemeente Waddinxveen dit vernam, hebben ze een andere locatie gevonden voor de kruidenier en het veldje zo behouden.

'Met een kaartje van Waddinxveen,' zei Alfa.
'Wat een goed idee.' Ruben knikte enthousiast. 'Het recht op een speelplek.'
'Bij jullie is ook geen andere speelplek, toch?' vroeg Nina.

Alfa schudde haar hoofd. 'Alleen heel veel parkeerterrein.'
'En de zaak uit 1925?' vroeg Ruben.
'Nog niet gevonden.' Nina sloeg een paar bladzijden om. 'Wat hebben ze veel zaken opgelost hè, kijk, pagina's vol alleen al voor augustus 1925. Wacht, ik heb hem!' Ze veerde op en liet daarbij het boek bijna vallen. 'Kijk: 1925, september. *De zaak van de voetballer en het muurtje.*'

> *Te Rotterdam, in de Oesterwijk, stond een muurtje hetwelk door kinderen gebruikt werd om met eenen voetbal tegenaan te schoppen. Twee witte vlekken gaven het doel aan. De Gemeente Rotterdam was voornemens het muurtje, dat als doelloos beschouwd werd, te sloopen, dit tot groot ongenoegen van de kinderen. Een onzer ambtenaren ontdekte dat het muurtje door den bekenden voetballer Jan de Grootte, uitkomende voor het Nederlandsch elftal, nog in zijn jeugd gebruikt was om het voetbalspel onder den knie te krijgen. We stelden De Grootte op de hoogte en hij protesteerde tegen de plannen. De gemeente heeft daarop onmiddellijk het besluit tot sloop van het muurtje ingetrokken, en het omgedoopt tot een sportmonument genaamd 'het Jan de Grootte-muurtje.'*

Nina glimlachte toen ze die laatste zin las. 'Wat een slimme mensen daar bij het Ministerie, zeg.'
Ruben pakte zijn mobiel. 'Ik schrijf ze op, oké, deze zaken?' Zijn vingers gleden over het touchscreen. 'Recht op een speelplek,' mompelde hij. 'Bekende voetballer.'
Opeens riep Alfa hard: 'Wow!'
Ze zat met het boek uit 1952 op schoot en was aan het bladeren, hier en daar had ze een paar zinnen uit een zaak

gelezen. Maar nu zat ze stil te turen naar één pagina.
'Wow!' zei ze nog een keer, nu veel zachter.
'Wat is er?' vroeg Ruben.
'Nina,' zei Alfa. 'Dit moet je echt zien.'
Nina keek haar aan. 'Haha, Alfie, heb je een gekke zaak gevonden?'
Maar Alfa zei niks en duwde alleen het dikke boek naar haar toe. 'Boven aan die bladzijde, lees maar.'
En Nina las.

> *Juni 1952 – De zaak van het jongetje met de mysterieuze ziekte*
> *In de Breestraat woonde het gezin Zout met vijf kinderen, waarvan de derde, Leo, bijzonder ziek was. Het kind van zes jaar at niet meer en had hoge koortsen. De familie verzorgde hem goed, maar geen dokter wist wat er aan de hand was. Het Ministerie heeft toen dr. Wilterman gestuurd, een Vlaamse specialist op het gebied van koorts. Dr. Wilterman herkende de verschijnselen van malaria, hetgeen niet waarschijnlijk maar ook niet onmogelijk is in Nederland. Hij gaf de familie de juiste medicijnen, waarna het jongetje snel aansterkte. Dr. Wilterman, zijn reis vanuit Antwerpen en de medicijnen zijn betaald uit het algemene fonds van het Ministerie van Oplossingen.*

'Ja. Ja, natuurlijk,' fluisterde Nina. Ze schudde haar hoofd zachtjes. 'Het is eigenlijk superlogisch dat het zo is gegaan. Maar, wow.'
'Ja, wow,' zei Alfa. De meiden keken elkaar aan.
'En hij heet Leo?' vroeg Alfa.
Nina knikte.

'Wat is er nou?' vroeg Ruben. 'Ik snap het niet! Wie is Leo? Waarom zeggen jullie steeds "wow"?' Hij pakte het boek van Nina's schoot en begon te lezen. 'Gaat het hierom, om dat zieke jongetje?'

'Dat is Nina's opa,' zei Alfa. 'Die was zo ziek toen hij klein was en die werd pas beter toen die vreemde dokter langs was geweest.'

'Je opa? In dit boek?' Rubens mond viel open.

'Papa zegt altijd dat we er zonder hulp niet waren geweest,' zei Nina. 'Als opa toen die pillen niet had gehad, was hij misschien nooit beter geworden en dan had hij papa niet gekregen en papa mij niet.'

'Wow,' zei Ruben nu ook.

'Opa Leo vertelt het verhaal elke verjaardag weer,' zei Nina. 'Toen hij groter was, heeft hij wel eens geprobeerd die dokter te vinden, maar hij gebruikte een andere naam. Dokter Verwaert, zei opa altijd, met a-e. En die heeft hij nooit teruggevonden.'

'Daarom dus,' zei Ruben.

'Ja, daarom dus.' Nina staarde naar het raam. 'Zullen we naar mevrouw Vis gaan?' vroeg ze. 'Nu wil ik helemáál horen waarom het Ministerie niet meer bestaat.'

Het Internationale Genootschap

Mevrouw Vis zat er net zo bij als de dag daarvoor. In haar grote, bruine stoel, met een poes op de leuning. Ze glimlachte toen ze de kinderen binnen hoorde komen.
'Dag mevrouw Vis,' zei Nina.
'Daar zijn we weer,' zei Alfa.
Ruben liep naar mevrouw Vis toe en legde zijn hand eventjes op de hare. Nina vond het er lief uitzien, zo'n jongenshand op de oude rimpels van de buurvrouw. 'Ik zet wel thee,' zei hij.
'Ik heb net iets ontdekt, mevrouw,' zei Nina terwijl ze aan tafel ging zitten. Ze had er kriebels van in haar buik.
'O ja?' zei mevrouw Vis. 'Wat dan?'
'Er staat een zaak in het boek over mijn opa Leo.'
'Je opa? In 1952?'
Nina knikte, bedacht zich en zei hardop: 'Ja. Ik zal het voorlezen.' Ze legde het boek op tafel en bladerde door

naar juni 1952. Ze las *De zaak van het jongetje met de mysterieuze ziekte* voor aan mevrouw Vis. Toen ze klaar was, zag ze dat de buurvrouw glimlachte. 'Die zaak kan ik me nog wel herinneren,' zei ze. 'Dat was een erg ziek jongetje. Ik ben ontzettend blij dat het zo goed met hem is afgelopen en dat ik zijn kleindochter nu op bezoek heb. Wat bijzonder.'

'Superbijzonder,' zei Alfa, die nog steeds midden in de kamer stond. 'Zonder het Ministerie was Nina er niet geweest!'

'Nou,' zei mevrouw Vis. 'Dat weet je nooit zeker.'

'Mijn opa weet het wel zeker,' zei Nina. 'Die denkt dat hij dood was gegaan als hij toen die pillen niet had gehad.'

'Hij was erg ziek,' zei mevrouw Vis. 'Hoe gaat het nu met hem?'

'Goed,' zei Nina. 'Hij woont in een dorpje vlakbij en als ik jarig ben, bakt hij een appeltaart.'

'Dat is mooi,' zei mevrouw Vis.

'Gaat u ons nu vertellen over het Internationale Genootschap?' vroeg Alfa en zij plofte nu ook neer op een stoel.

Mevrouw Vis keek minder enthousiast.

'Of liever niet?' vroeg Alfa voorzichtig.

'Jawel hoor,' zei mevrouw Vis. 'Maar het gaat ook over de Zilvermannen. En over het eind van het Ministerie. Dat vind ik een rotonderwerp.'

'Het hoeft niet hoor,' zei Ruben, die de keuken uit kwam met een dienblad met thee. 'We kunnen het ook ergens anders over hebben.'

'Natuurlijk niet,' zei mevrouw Vis. 'Jullie mogen alles weten. Ga zitten, jongen.'

Ruben schoof erbij aan tafel, gaf Nina en Alfa thee en schonk een kop in voor mevrouw Vis.
Nina werd een beetje zenuwachtig. Ze wilde zó graag alles over het Ministerie weten.
Mevrouw Vis legde haar handen op haar schoot en begon te vertellen. 'Ik had al gezegd dat elk ministerie over de hele wereld was aangesloten bij het Internationale Genootschap. Nou, dat genootschap huisde in Genève in Zwitserland. En vanuit Genève hielden ze alles scherp in de gaten. Echt alles. Niemand wist hoe ze het deden, maar ze luisterden mee en ze keken mee en ze leken al te weten hoe mijn zaken zouden aflopen voordat ik het zelf wist. En dan waren er nog de Zilvermannen.' Mevrouw Vis trok met haar neus toen ze 'zilver' zei. Daarna was ze even stil. 'De vijand van het Ministerie.'
'Waarom dan?' vroeg Alfa.
'De Zilvermannen deden er alles aan om ervoor te zorgen dat het Ministerie van Oplossingen op zou houden te bestaan,' zei mevrouw Vis. 'Heel lang geleden, in de negentiende eeuw, werkte er bij het Britse Ministerie van Oplossingen een man die Arthur Balthazar Silver heette. Hij was een van de beste oplossers ooit. Hij vond ouders voor weeskinderen, vrienden voor eenzame mannen, hij regelde opvang voor hele dorpen wanneer er een overstroming was geweest. Maar in de loop van de jaren raakte hij ervan overtuigd dat het fout was wat het Ministerie deed. Hij vond dat mensen hun eigen problemen moesten oplossen.' Mevrouw Vis ademde diep in, er ging een rilling door haar heen. De kinderen keken haar gespannen aan.
'Gaat het, mevrouw Vis?' vroeg Ruben. 'Ik zet uw thee hier

neer.' Hij zette de kop neer op de brede leuning van de stoel en legde de hand van de buurvrouw ernaast.

De buurvrouw knikte. 'Arthur Balthazar Silver probeerde het Britse ministerie ervan te overtuigen dat het moest stoppen met oplossen. Maar het Ministerie bleef gewoon haar werk doen en het Internationale Genootschap beantwoordde zijn brieven nooit. Silver nam in 1876 ontslag en vertrok zwaar teleurgesteld naar Amerika. Daar werd hij rijk. Niet zomaar een beetje rijk. Nee, vreselijk, enorm, stinkend rijk. Hij had een olieveld gevonden en in die tijd begon olie geld op te leveren. Alles wat hij verdiende, gebruikte hij om het werk van het Ministerie te saboteren.'

'Sabowat?' vroeg Nina.

'Saboteren,' zei Ruben. 'Dat je iemand dwarsboomt.'

'Precies,' zei mevrouw Vis. 'Silver nam mensen aan, *the Silvermen*, die wij dus Zilvermannen noemden. Samen probeerden ze het Ministerie te dwarsbomen. Eerst alleen in Groot-Brittannië, daarna over de hele wereld. Ze herkenden elkaar aan een zilveren broche van een klein zwaard op de kraag van hun jas. Ze werden net zo stiekem gevraagd als de ambtenaren van het Ministerie. Nadat Silver doodging, in 1892, bleven de Zilvermannen over de hele wereld zijn werk uitvoeren. En weet je waarom?'

Nina schudde haar hoofd.

'Omdat ze tegen het Ministerie zijn, toch?' vroeg Ruben.

'Jawel.' Mevrouw Vis zuchtte even. 'Maar ook om het geld. Meneer Silver heeft in zijn testament gezet dat al zijn geld verdeeld mag worden over alle Zilvermannen zodra het laatste Ministerie van Oplossingen ter wereld is gesloten.'

'Zo veel geld kan dat toch niet zijn?' vroeg Alfa. 'Die olie is nu toch wel op?'
'O, nee!' zei mevrouw Vis. 'Het olieveldje dat Silver toen vond, is uitgegroeid tot Moon Oil, één van de grootste oliemaatschappijen ter wereld.'
'Daar tankt mijn vader wel eens,' zei Alfa geschrokken.
'Precies,' zei mevrouw Vis. 'En elke keer dat hij dat doet, komt er een beetje meer geld terecht bij de Zilvermannen.'
'Poe hé,' zei Nina.
Mevrouw Vis knikte. 'Poe hé inderdaad. Toen ik bij het Ministerie werkte, wist ik altijd dat ze op de loer lagen. Elke misstap kon gebruikt worden door een Zilverman. Als je een raam van het Ministerie open liet staan 's nachts, of een rapport liet liggen in de bus, als je vermomming niet goed zat of als je aan een vriendin vertelde wat voor werk je eigenlijk deed: op al die momenten kon er een Zilverman meeluisteren. En bij het Ministerie van Oplossingen in Nederland is het ze gelukt om ons te saboteren.'
'Wat stom,' zei Nina.
'Het Internationale Genootschap was kwaad op ons.' De stem van mevrouw Vis werd feller. 'We kregen de ene na de andere boze brief omdat we niet geheimzinnig genoeg te werk gingen.'
'Wat gemeen,' zei Alfa. 'Ze wisten toch ook wel dat het de schuld van de Zilvermannen was?'
Maar mevrouw Vis schudde haar hoofd. 'Niet helemaal. Ik was dol op mijn baan, en ik werkte elke dag heel hard. Maar de mensen die er al langer zaten, die, tja, hoe zeg ik dat vriendelijk? Ze maakten er een potje van. Ik zag het gebeuren.'

‘Hoe dan?’ vroeg Nina. Ze kon zich niet voorstellen dat je van zo’n mooie baan een potje kon maken.
‘Ze verklapten onze geheimen te gemakkelijk. Een van onze beste oplossers schepte op over zijn werk op verjaardagen. En ook mijn vriendin Tirza vertelde op zaterdagavond in het café gewoon waar ze werkte en wat ze deed. Dat soort dingen bracht het hele ministerie in gevaar. Er verscheen een artikel in de krant “uit anonieme bron” over een groep mensen die problemen oploste, met voorbeelden erbij.’
‘Waarom deden die oplossers dat dan?’ vroeg Ruben. ‘Ze konden toch wel een geheim bewaren?’
Mevrouw Vis haalde haar schouders op. ‘Ik weet het niet, jongen. Misschien wilden ze gewoon een mooi verhaal vertellen na al die jaren van oorlog. Maar het Internationale Genootschap stuurde ons keer op keer de regels op. Regel 1: alles wat het Ministerie doet, gebeurt anoniem en blijft geheim.’
‘Wisten andere ambtenaren er ook niks van?’ vroeg Nina. ‘Die van gezondheid en van verkeer.’
Mevrouw Vis schudde haar hoofd. ‘Ze zagen ons vast wel eens rondlopen, maar er werken zo veel mensen bij de ministeries in Den Haag. Dat vijftien daarvan stiekem werk deden had niemand door.’
‘Hebt u nooit verklapt aan anderen wat u deed?’ vroeg Nina.
‘Nee, ik niet. Ik snapte de regel heel goed, want een geheim is makkelijk doorverteld en iedereen kan een Zilverman zijn. Uiteindelijk, na tien waarschuwingen, heeft het Internationale Genootschap ons in 1953 opgeheven.’

'Jemig,' zei Nina. Ze had gedacht dat er een mooi verhaal achter het Internationale Genootschap zou zitten, maar tot nu toe was het alleen heel verdrietig.
'Dus dat was het eind van het Ministerie?' vroeg Ruben.
Mevrouw Vis knikte. 'Na 338 jaar.'
Nina's mond viel open. 'Zo lang!'
Mevrouw Vis glimlachte. 'Ja, zeker.'
Ze waren allemaal even stil.
Nina keek om zich heen. 'En u hebt alle boeken meegenomen?'
'Ja, omdat ik me aan alle regels had gehouden mocht ik alles meenemen. Tirza wilde een paar boeken, die heb ik haar gegeven. Maar daarna hebben we elkaar nooit meer gezien. Het was te verdrietig en ik was ook een beetje boos.'
'Poe hé,' zei Nina nog maar een keer. 'En daarna? Kreeg u toen een nieuwe baan?'
'Ja.' Mevrouw Vis knikte langzaam. 'Ik ging naar Zuid-Amerika. Ik werkte voor een ziekenhuis in Colombia. Daarna voor een weeshuisje in Peru en voor een middelbare school in Paraguay. Ik maakte het allemaal zo spannend mogelijk. En toch was het niks vergeleken met het vinden van al die oplossingen.'
Nina keek vol bewondering naar de oude vrouw. Zuid-Amerika! Wat een avonturen. 'Waarom ging u weer terug naar Nederland?' vroeg ze. Ze kreeg spijt voordat ze de vraag had afgemaakt, want mevrouw Vis wees op haar ogen.
'Ik werd gebeten door een enge mug,' zei ze. 'Mijn ogen begonnen te jeuken en ze werden rood. Toen ik niks meer kon zien met mijn rechteroog, ben ik teruggevlogen naar

Nederland. Maar de dokters konden niks meer doen en mijn linkeroog werd ook blind.'

'Wat erg,' zei Alfa.

De buurvrouw knikte. 'Maar ik had gelukkig al heel wat avonturen beleefd. En toen ik eenmaal blind was, heb ik nog heel lang als lerares gewerkt op een school hier in de stad, ik gaf Engels en Spaans. Maar dat is ook alweer lang geleden.' Ze zuchtte even diep. 'Wat een kletskous ben ik vandaag! Weten jullie wat, ga maar eens naar zolder. Daar staat een houten kist vol spullen van het Ministerie van Oplossingen. Dat vinden jullie vast leuk. Dan blijf ik even rustig hier zitten. '

De kinderen sprongen op en liepen naar de deur. 'Dank u wel voor uw verhaal, mevrouw Vis,' zei Alfa.

De buurvrouw glimlachte. 'Kijk uit voor de spinnenwebben.'

De kist

Op de trap naar boven was het donker, net als op de gang achter de voordeur. Nina kon net de leuning zien, die ze stevig vasthield bij elke stap. Ruben en Alfa kwamen achter haar aan. De treden van de trap waren net zo zacht en pluizig als de vloer in de woonkamer van mevrouw Vis. Op de overloop boven keken ze om zich heen. Het was er een stuk lichter door een groot raam aan het eind van de gang. De witte verf op het hoge plafond bladerde wat af. Achter een van de vier donkerrode deuren moest de zoldertrap zitten.
'Ben jij hier al wel eens geweest, Ruben?' vroeg Alfa.
'Eén keer, toen heb ik een winterjas uit de kast gehaald in haar slaapkamer, die is daarachter.' Hij wees op de achterste deur.
'Slaapkamer?' Nina keek om naar de trap. 'Dan klimt ze dus elke avond de trap op en gaat ze elke ochtend weer naar beneden.'

‘Knap,’ zei Alfa. ‘En waar is de zolder?’
Nina liep op een deur af en deed hem voorzichtig open. Een kamer vol meubels en dozen. Er stond een bed tegen de muur, en een tafel. In de hoek stond een stoel die volhing met jasjes en ouderwetse jurken. Ze probeerde de volgende deur. Een bad en een douchecabine. Nina stak haar hoofd wat verder naar binnen. De badkamer had zachtroze tegels en rook naar ouderwetse bloemetjeszeep. Het bad zag eruit alsof het al heel lang niet was gebruikt. Er stond een wasmand in en een kapstok. Op de wastafel lagen een tandenborstel en een tube tandpasta.
‘Nina!’ Alfa trok aan haar mouw. ‘We zoeken de zolder...’
Nina deed de deur weer dicht en trok die aan de andere kant van de gang open. Ze drukte op een lichtknopje achter de deur en er floepte ver boven haar hoofd een lichtje aan. ‘Tadaa!’
De zoldertrap bleek een heel gewone trap te zijn met grijze treden. Nina was binnen vijf seconden boven. ‘Kom!’ riep ze naar de anderen. ‘Ik zie geen kist, maar wel heel veel dozen!’
Alfa kwam gniffelend achter haar aan. ‘Nien, je bent net een orkaan.’
‘Ik ga zoeken!’ riep Nina en ze schopte haar laarzen uit.

De zoldervloer was van hout en net als bij Ruben was de zolder één ruimte zonder kamers, met het puntige dak als plafond. Maar op deze zolder was niks geverfd, alles was van lichtbruin hout en overal hingen lange spinnenwebben. Het rook naar stof en oude boeken. Er stonden dichte dozen in rijtjes tegen de achterwand en twee boekenkasten vol dikke, zwarte boeken. In de zijmuur zat een vierkant raampje waar een beetje daglicht doorheen kwam, voor de ramen aan de straatkant hingen zware, smoezelig witte gordijnen. De ruimte werd verlicht door een peertje dat aan een snoer bungelde midden op de zolder.

'Wat zou mevrouw Vis bedoeld hebben met "kijk uit voor de spinnenwebben"?' vroeg Alfa. Ze keek omhoog, zag een dikke spin aan een draad bungelen en zette een grote stap opzij.
'Nou, ik denk dat ze bedoelde dat er hier een heleboel spinnenwebben zijn!' zei Ruben.
'Ja, maar misschien bedoelde ze wel dat het giftige spinnen zijn. Zoals die uit Zuid-Amerika waardoor ze blind werd.'
'Dat was een mug, Alf, geen spin,' riep een van de stapels dozen.
'Nina?' vroeg Ruben. 'Wat doe je precies?'
Nina schoof een stukje naar achteren en verscheen van achter de stapel dozen. 'Hier aan deze kant staat geen kist.' Er plakten bolletjes stof in haar haar.
Ruben draaide zich om en kroop voorzichtig achter een paar dozen aan de andere kant van de zolder. 'Nee,' riep hij een paar seconden later. 'Hier ook niks.'
Alfa wurmde zich achter een boekenkast en kwam proestend weer tevoorschijn. 'Alleen maar stof!'
'Ik heb wat!' riep Ruben even later. Nina en Alfa zagen alleen zijn rechtergymp uitsteken van achter een stapel kranten. 'Kom!'
Hij zat op zijn knieën, bijna tegen de achtermuur van de

zolder aan, tussen een enorme stapel oude kranten aan de ene kant en een grote kist aan de andere. Samen trokken ze het stevige, houten ding naar het midden van de zolder, onder het bungelende peertje.

'O nee, hij is op slot!' riep Alfa.

Nina ging op haar knieën zitten en blies wat stof van de kist en het slot. De helft kwam in Alfa's gezicht. 'Hé!' zei ze hoestend. 'Let eens op! Dat is misschien wel giftig.'

'Sorry,' zei Nina. 'Maar het goede nieuws is dat de kist niet op slot is.' Ze duwde tegen het slot en het viel op de grond.

'Spannend!' riep Ruben.

Nina trok aan de deksel, die krakend openging.

'Kijk!' riep Alfa. Ze pakte voorzichtig de ouderwetse politiejas uit de kist, die bovenop had gelegen.

'Dit dan.' Nina had een pruik in haar hand, een plat stuk zwart haar met twee vlechten.

'Haha.' Ruben hield een plaksnor onder zijn neus. Hij begon gelijk te niezen, want de snor was grijs van het stof.

'Het lijkt wel een verkleedkist!' zei Alfa.

Eén voor één haalden ze alle spullen uit de oude kist en legden ze neer op de zoldervloer. Een kleine radio, een setje vulpennen, laarzen, drie hoeden, een paar oorbellen in een kistje, een ouderwetse camera, twee walkietalkies. Helemaal onderin lag een leren map met een zwart lint eromheen gewikkeld. 'Wat is dat?' vroeg Ruben van onder zijn snor.

Nina wikkelde het lint eraf en sloeg de map open. 'Het is een brief!'

Ze legde het volgetikte A4'tje voor zich op de grond. Bovenaan stond HET INTERNATIONALE GENOOTSCHAP in dikke, rode letters en daaronder VAN OPLOSSINGEN met een kroontje eronder. 'Lees voor!' zei Alfa. Ruben, die net een slagersschort aan het passen was, plofte op de grond en keek verwachtingsvol naar Nina. Die schraapte haar keel en begon te lezen.

Genève, 7 maart 1953

'Wat lang geleden,' zei Nina. 'Toen waren mijn ouders nog niet eens geboren.'
'Toen waren mijn opa en oma nog niet geboren,' zei Alfa. Ze probeerde heel snel te rekenen. 'Denk ik.'
'Lees nou door!' zei Ruben.

Beste medewerkers van het Ministerie van Oplossingen in Nederland,

Het Internationale Genootschap van Oplossingen en haar tientallen nationale afdelingen zijn bedoeld om de problemen van mensen op te lossen in het geheim. Dat is vanzelfsprekend, vinden wij hier in Genève, maar we hebben jullie er keer op keer op moeten wijzen. Medewerkers van het Ministerie van Oplossingen, afdeling Nederland, hebben over minstens vier zaken gepraat in de tram en de bus. Twee zaken zijn uitgebreid aan de orde gekomen op een verjaardag en zeven van u hebben de afgelopen twee maanden aan een buitenstaander verteld waar u werkt. Dit heeft onder meer geleid tot een bericht in de krant. Ons geheim is niet veilig bij uw afdeling en ons werk komt derhalve in gevaar. Dus doeken wij van het

Internationale Genootschap de boel op. U bent allemaal ontslagen, de afdeling Nederland is tot nadere orde opgeheven. Zo.

Nina haalde even diep adem.
'Wat een harde brief!' zei Alfa. 'Ze waren echt bóós!'
'Wacht, er staat nog meer,' zei Nina.

Alleen uw jongste medewerkster, mevrouw Janneke Vis, lijkt zich volledig afzijdig te hebben gehouden van deze vreselijke schending van de regels. Vis, als u een nieuwe groep wilt samenstellen, bent u daar vrij in. U kent de regels: geef ons minstens drie nieuwe namen door, los drie zaken op eigen houtje op en u kunt uw werkzaamheden voortzetten met de volle ondersteuning van het internationale secretariaat. Wij vertrouwen het archief aan u toe, al mag u het ook naar Genève sturen.

Groet, en in het geheel geen vriendelijke,

het Internationale Genootschap van Oplossingen

PS: *bijgevoegd vinden jullie de regels* NOGMAALS

'Dat heeft ze dus niet gedaan,' zei Ruben.
'Het archief naar Genève sturen?' zei Alfa.
'Dat. Maar ze is ook geen nieuw ministerie begonnen, anders had ze dat wel verteld, toch?' Ruben streek zijn slagersschort recht. 'Wanneer ze drie nieuwe namen had doorgegeven en drie zaken had opgelost, dan had ze dat kunnen doen. Dat staat er.'
Nina knikte. 'Maar ze ging naar Zuid-Amerika en daarna

werd ze blind.' Ze legde de brief omgekeerd op de zoldervloer.
'Kijk,' zei Alfa. 'De regels.'
In dikke, zwarte letters stonden op de achterkant van de brief DE REGELS VAN ELK MINISTERIE VAN OPLOSSINGEN TER WERELD.

1. **Hulp is anoniem** (niemand mag ervan weten)
2. **Je mag jezelf niet helpen** (wie voor het Ministerie werkt, helpt anderen)
3. **We vinden zelf problemen** (geen oproepjes in de krant. En we vragen mensen nooit of we ze kunnen helpen)
4. **We zitten niemand dwars** (als onze hulp ervoor zorgt dat iemand anders pech heeft, dan doen we het niet goed)
5. **Het Ministerie helpt iedereen** (niet alleen wie je aardig vindt)

'Strenge types, daar in Genève,' zei Alfa.
Maar Nina was met haar gedachten ergens anders.

Een lesje leren

'Zullen we hem naar beneden tillen?' Alfa stond midden in de woonkamer van mevrouw Vis en hupte van de ene op de andere voet.

'Nee, laat dat die kist maar boven staan,' zei de buurvrouw. 'Jullie kunnen er altijd bij zonder mij lastig te vallen, Ruben heeft de sleutel van mijn huis.'

Nina zat naast Ruben op het dikke tapijt maar keek nu even bezorgd op. Zonder haar lastig te vallen, meende ze dat? Maar mevrouw Vis glimlachte terwijl ze het zei. Nina, Ruben en Alfa waren enthousiast naar beneden gestormd nadat ze de kist hadden ontdekt. Nina had wel duizend dingen die ze wilde weten, maar ze durfde de oude vrouw niet te veel in één keer te vragen. Ze kuchte even. 'Waar gebruikte u al die spullen in de kist voor?'

'O, voor van alles,' zei mevrouw Vis.

'Vermommingen!' riep Alfa.

'Jazeker,' zei de buurvrouw. 'Een snorretje of een pet op helpt enorm als je eventjes niet wilt opvallen. Daar moet je maar eens op letten: als je iemand moet beschrijven waar je een minuut mee hebt gepraat, dan vertel je altijd of hij een snor had, of een litteken en of hij iets op zijn hoofd had. Dus als je de pet daarna weer afdoet, dan herkent niemand je meer.'

'Slim,' zei Ruben.

Nina zag dat mevrouw Vis glunderde, net als de eerste keer dat ze over het Ministerie had verteld. 'En die pennen, mevrouw Vis, zijn dat gewone pennen?' vroeg ze.

'Gewone pennen! Nee hoor, dat zou saai zijn.' De buurvrouw gniffelde nu zelfs even. 'Met die pennen konden we onzichtbaar schrijven. Ze laten een afdruk achter die je met het blote oog niet kunt zien, maar als je het papier in water dompelt wel.'

'Net als met citroensap!' riep Ruben.

'Citroensap?' vroeg Alfa.

Ruben knikte enthousiast. 'Als je met citroensap schrijft, kan niemand het lezen. Totdat je met een strijkijzer over het papier gaat. Dan verschijnen de letters.'

'En de brief, hebben jullie die gevonden?' vroeg de buurvrouw.

Nina bloosde. 'Ja, die ook.' Ze bleef even stil. 'Er staat in dat alleen u opnieuw het Ministerie mocht oprichten.'

Mevrouw Vis knikte serieus. 'Ja kind, dat is zo. Maar dat was wel het laatste wat ik wilde toen de boel werd opgedoekt. En later, toen ik terug in Nederland was, ach, toen leek het alweer zo lang geleden.'

'Bestaat het Ministerie in andere landen nog wel?' vroeg Alfa.

'Jazeker,' zei mevrouw Vis. 'Ik weet niet waar precies omdat ik de nieuwsbrief niet meer krijg, maar in mijn tijd had je ze in heel veel landen.'
'Zou het nog steeds gelden?' vroeg Nina. Haar hart bonkte in haar keel. 'Zou u nog altijd nieuwe mensen mogen aannemen?'
'Dan moeten die toch eerst weer een goede daad hebben verricht,' zei Alfa. 'Waar vind je die nou?'
Mevrouw Vis glimlachte weer. 'Ik ken er anders wel drie. Twee dames die mijn buurjongetje zomaar hebben geholpen. En dat buurjongetje, dat al jaren boodschappen voor me meebrengt en koekjes, zonder dat ik erom hoef te vragen. En dat deed hij ook al toen hij me nog helemaal niet goed kende.'
Nina werd nog roder. 'Kinderen mogen misschien wel niet en ik zeg ook niet dat we het zouden kúnnen, maar...' Ze had het wél bedacht, net op zolder. Toen ze die regels van het Internationale Genootschap zag. Dat zouden we kunnen, dacht ze. Zij, Alfa en Ruben. Stiekem mensen helpen en er niemand over vertellen. Net zoals het Ministerie bij opa Leo had gedaan. Alleen hadden ze geen geld. En geen problemen om op te lossen.
'Natuurlijk,' zei mevrouw Vis. 'Je hebt groot gelijk, meid. Het zou een machtig avontuur zijn om opnieuw te beginnen. Maar ik weet niet of ik nog wel een machtig avontuur aankan.'
Nina keek naar de magere handen en de weggedraaide ogen van de buurvrouw. 'Dat snap ik,' zei ze zachtjes.
Het bleef even stil. Nina wiebelde met haar tenen in haar laarzen en dacht na over het Ministerie. Alfa draaide aan een vlechtje en Ruben plukte aan het tapijt.

Mevrouw Vis schraapte haar keel. 'We kunnen in ieder geval oefenen.'
De kinderen keken elkaar opgewekt aan.
'Ga maar aan tafel zitten en bedenk een probleem,' zei de buurvrouw. 'Ruben, help me even overeind.'
Alfa en Nina sprongen op en gingen aan de rechthoekige, houten tafel zitten die helemaal tegen de dichte gordijnen was aan geschoven. Mevrouw Vis klemde ondertussen haar handen om de polsen van Ruben en hees zichzelf overeind. Met kleine, schuifelende stapjes liep ze naar de tafel en ze schoof op de tast een stoel naar achteren. 'Zo,' zei ze en plofte voorzichtig neer. 'Wie heeft er pen en papier?'
Nina keek om zich heen, Alfa rommelde wat in haar zak en vond een kauwgompapiertje. 'Nina, haal jij mijn blok eens uit de keuken. In de middelste la,' zei mevrouw Vis toen het stil bleef. Nina ging naar de keuken, die wit en opgeruimd was. Er stond een theekopje op het aanrecht en er lag een halve appel op een schoteltje. In de middelste la vond ze een groot opschrijfblok en een blauwe balpen. Ze liep de kamer weer in en ging met een zucht op haar stoel zitten. 'Zo, de vergadering kan beginnen!'
'Precies,' zei mevrouw Vis. 'Elk avontuur begint met een heel saaie vergadering.' Ze legde haar handen op tafel. 'Stel dat dit het Ministerie was. En jullie de ambtenaren. En we moesten drie zaken oplossen om weer officieel mee te doen.'
Nina schreef heel groot 1, 2 en 3 op.
'Hoe komen we aan problemen?' vroeg Ruben.
'We hebben het muurtje dat ze willen slopen,' zei Alfa.

Nina beet op de achterkant van de pen. ‘Eigenlijk hebben we één groot probleem: Sophia. Een irritant meisje dat de hele buurt pest. Ze maakt konijnen kwijt, dumpt afval bij mensen, ze heeft ervoor gezorgd dat Alfa’s muurtje gesloopt gaat worden en ze pest Ruben. Kunnen we haar niet oplossen? Zorgen dat ze verhuist?’
‘Dat kunnen we zeker niet,’ zei mevrouw Vis streng.
‘We kunnen haar toch een lesje leren,’ zei Ruben.
Maar mevrouw Vis schudde haar hoofd. ‘Regel 4, Ruben Tannema. We zitten niemand dwars. Wie bij het Ministerie van Oplossingen werkt, mag alleen maar helpen. Helpen is positief. Een meisje een lesje leren is negatief. Haar oplossen ook.’
Nina werd rood. ‘Ik bedoel alleen, het is gewoon zo gemeen hoe iemand in haar eentje stiekem zo veel mensen ongelukkig kan maken.’
‘Is er iets waardoor ze zo gemeen is geworden, Ruben?’ vroeg mevrouw Vis. ‘Vreselijke ouders of zo?’
Ruben haalde zijn schouders op. ‘Haar ouders lijken me best normaal, maar ik heb ze maar twee keer gezien. Sophia kwam pas vorig jaar in onze klas en sinds ik haar ken is ze zo.’
‘We kunnen wél wat aan haar doen,’ zei Alfa peinzend. Ze draaide weer aan een vlechtje.
‘Vertel,’ zei mevrouw Vis.
‘Nou, we kunnen de mensen die ze anoniem pest, anoniem helpen. Dan doen we niks gemeens tégen haar en we hebben problemen gevonden om op te lossen.’
Nina klapte in haar handen. ‘Oei, wat slim!’
Mevrouw Vis knikte.

'Ja!' riep Ruben. 'Dan ruimen we het afval op bij de woonboot van die oude man aan het kanaal. En we gaan Noria uit groep 4 vrolijk maken, die wordt gepest en ze huilt supervaak. En we moeten de touwen van de schommels maken. En we gaan het konijn van de juf terugvinden.'
'En heel veel banden plakken van mensen die over het bospad reden toen ze er punaises had neergelegd,' zei Nina.
Mevrouw Vis schudde zachtjes haar hoofd. 'Het is een heel goed idee, maar je moet keuzes maken. Als je alles wilt doen, dan ben je maanden bezig. En je moet eerst onderzoek doen. Om hoeveel afval gaat het aan het kanaal? Wie is die meneer die ze pesten? En waarom huilt Noria zoveel? Ligt dat alleen aan Sophia?'
Nina zat druk mee te schrijven. Achter de 1. stond nu: Alfa's muurtje redden. Want daar wisten ze het meeste vanaf.
2. Oude man, woonboot – onderzoek
3. Noria – onderzoek

'Nu moeten we een plan hebben.' Nina trok tevreden aan haar paardenstaart. Niemand zei wat. Een probleem vinden was al heel wat, maar er een oplossing op bedenken was veel ingewikkelder.
'Mogen we wel wat aan het muurtje doen bij Alfa's huis?' vroeg Nina aan mevrouw Vis. 'Dat is toch een beetje jezelf helpen. Regel, ehm..'
'Twee,' zei de buurvrouw. 'Regel twee. Maar dat is nu niet erg. Alfa kent het probleem omdat ze er woont en er zelf wel eens speelt. Ze is één van de tientallen kinderen die de

dupe zijn als die muur verdwijnt. Regel 2 gaat er vooral over dat je niet mag zorgen dat je zelf een beter huis krijgt, of meer geld.'

'Dus wat gaan we doen?' vroeg Alfa. 'Nu het mag.'

'We weten al wat het Ministerie zou doen,' zei Ruben en hij pakte zijn mobiel. Hij las voor: 'Het recht op een speelplaats onderzoeken en kijken of er een beroemde voetballer woont in de flat bij het muurtje.'

'Maar dat gaat toch niet letterlijk nog een keer helpen,' zei Alfa. 'Er woont echt geen beroemde voetballer in die flat.'

'Hoe weet jij dat nou!' zei Ruben, die er weer heel erg uitzag als negen, met grote verontwaardigde ogen. 'Je woont er maar soms, en alleen in het weekend. Misschien logeert het hele Nederlands elftal er wel doordeweeks!'

'Ruben, weet je hoe gek het zou zijn als ik bij mijn buren aanbel en vraag of er een voetballer woont?'

'Niet bij je buren,' zei Ruben. Hij gromde het bijna. 'Op andere verdiepingen. Het is toch een heel grote flat.'

Mevrouw Vis kuchte even. 'Misschien een compromis?'

'Een wat?' vroeg Nina.

'Een tussenoplossing,' zei Ruben snel.

'Precies,' zei mevrouw Vis. 'Jullie bellen aan bij tien huizen, zodat Ruben gerustgesteld is dat er geen beroemde voetballer woont. En daarna bel je de gemeente om te vragen over dat recht op een speelplek.'

'En ik laat jullie de muur zien,' zei Alfa. 'Met dat rothek eromheen.'

'En dáárna gaan we naar het kanaal,' zei Nina. Ze glunderde. Wat een lijst aan avonturen.

'Moeten jullie niet gewoon naar school?' vroeg mevrouw Vis. 'Het weekend is bijna afgelopen.'
'Hm,' zei Alfa.
'O ja,' zei Ruben.
'Na school hebben we best nog tijd,' zei Nina.
'En ik kan op school onderzoek doen naar Noria,' zei Ruben.
'Maar niet meer achter Sophia aan fietsen hoor, Ruben,' waarschuwde Nina. 'Stel je voor dat ze je ziet!'
Ruben knikte. 'Zal ik niet meer doen.'
'Nou,' zei mevrouw Vis. 'Dat klinkt goed allemaal. Maar het is al bijna halfzeven, dus als jullie nu niet naar huis gaan, krijg ik mot met jullie ouders. Ik sluit bij dezen de eerste vergadering van het oefenen voor het Nieuwe Ministerie van Oplossingen.'

De Muur

Nina en Alfa zetten hun fietsen neer in de fietsenrekken van de enorme flat. Ze waren direct vanuit school naar de Lindenbuurt gefietst. Nina voelde de Nina-wind door haar hoofd gieren. Het Ministerie van Oplossingen opnieuw oprichten, hoe spannend zou dat zijn! Terwijl ze wachtten op Ruben, bekeken Nina en Alfa de naambordjes van alle mensen in de flat, om vast te checken of er een beroemde voetballer tussen zat.
'J. van Swieten?' vroeg Alfa.
'Nee,' zei Nina. 'James Dabrezil? Klinkt bekend.'
'Omdat dat mijn vader is!' Alfa moest lachen. 'Hier 3-11, dat zijn wij. En papa kan niet voetballen.'
'O ja... Leroy Van der Walden dan?'
Alfa haalde haar schouders op. 'Niet in het Nederlands elftal.'
'Familie Dogan? Rick de Nieuwe? Hamma Souhlaz?'

Nina schudde haar hoofd. 'Het zou wel héél toevallig zijn als hier een beroemde voetballer woonde.'
'Het compromis,' verzuchtte Alfa. 'Tien keer aanbellen en we zijn hier weg. Hé, is dat Ruben? Hij is laat.'
In de verte kwam Ruben aanfietsen met achter zich aan een groepje meisjes, een ervan had Rubens tas vast.
'O, nee, het zijn de poeslieve monsters!' kreunde Nina.
'Joehoe!' riep Sophia. Ruben fietste een paar meter voor haar.
'Hij zal ze toch niet verteld hebben over het Ministerie?' zei Alfa. 'Dan kunnen we het wel vergeten.'
'Dat zou hij nooit doen,' zei Nina.
'Wel als ze hem hebben gemarteld,' zei Alfa en ze keek er heel serieus bij. 'Of als ze zijn zus hebben ontvoerd of zo. Misschien gaan ze ons ook wel ontvoeren. Vier meisjes, zou ze dat lukken? Zouden ze wapens hebben?'
'Alfa!' siste Nina. 'Het is geen film, het is echt. En dat is stom genoeg.'
'Wat is stom genoeg?' vroeg Sophia en ze stapte af.
'Niks,' zei Nina. 'Helemaal niks.'
'Wat doen jullie hier?' vroeg Sophia. 'Er is hier toch niks te doen?' Ze ging naast Ruben staan en sloeg een arm om zijn schouders. Ruben zag eruit alsof hij elk moment kon gaan huilen.
'Het gaat je niks aan wat we hier doen,' zei Alfa. 'Wat doen júllie hier?'
'We zijn met Ruubje meegefietst,' zei Sophia. 'Het is zo'n enge wijk, met al die flats. En dan een klein jongetje alleen op de fiets met die negatieve aura om zich heen. Er zou van alles kunnen gebeuren!'

'Wat ontzettend aardig van je,' zei Nina. 'Nou, da-hag.'
'Wonen jullie hier, in deze armoedige flat?' vroeg Sophia met een glimlach, die inderdaad poeslief was.
'Ja,' zei Nina. 'We wonen in een flat zonder licht en water en zonder verwarming. Als we geen geld hebben voor eten, dan jagen we op ratten. Het is vreselijk. Nou, da-hag.'
Sophia bleef staan waar ze stond, met haar drie vriendinnen achter zich en Ruben met een rood hoofd naast zich. Ze had nog steeds een arm stevig om zijn schouder. 'Ruubje moest nablijven,' zei ze. 'We hebben op hem gewacht.'
Nina keek Ruben vragend aan. Nablijven?
Ruben rolde met zijn ogen. 'Er was niks. De juf dacht...'
'Dat Ruubje haar laptop had gestolen,' maakte Sophia zijn zin af.
Ruben schudde zijn hoofd. 'In de pauze was de laptop van de juf uit haar tas gehaald en weer teruggestopt. Dat merkte ze en toen werd ze heel boos.' Hij zuchtte diep. 'Sophia vond het een goed idee om mij de schuld te geven.' Ruben wurmde zich los uit Sophia's omhelzing.
'Tja, jij zit meestal binnen in de pauze,' zei Sophia. Ze draaide aan een van haar krullen. 'Omdat niemand met je wil spelen. Dus jij kon die laptop gemakkelijk pakken. Kom, we gaan.'
'Ik was wél buiten,' zei Ruben. 'En dat heb ik de juf net verteld. Wat zou ik met haar laptop moeten?'
'Gekke nerd-achtige dingen,' zei Jasmin met haar hoge zeurstem. Ze liet Rubens tas van haar schouder glijden zodat hij met een plof op de grond terechtkwam. Ruben bukte, pakte hem op en ging snel naast zijn vriendinnen staan.

‘Raar verhaal,’ zei Nina. ‘Hoe wist de juf dat iemand haar laptop had gepakt?’
‘Haar tas was open en de laptop zat er ondersteboven in,’ zei Sophia en ze stapte weer op haar fiets.
‘Haha, dan weet je dus zeker dat Ruben het niet was,’ zei Alfa. ‘Die zou dat veel slimmer doen.’ Ze lachte naar Ruben.
Die knikte. ‘Echt wel.’
‘Kom, we gaan naar binnen,’ zei Nina.
‘We zouden toch nog even langs de muur?’ zei Alfa.
Nina keek haar aan. ‘Niet nu!’
‘De muur?’ zei Sophia. ‘Je bedoelt toch niet die vreselijke plek waar ik bijna ben doodgevallen.’ Ze glimlachte. ‘Gelukkig heeft mama ervoor gezorgd dat dat akelige ding wordt gesloopt.’
‘Je hebt geen idee wat je gedaan hebt,’ zei Alfa boos. ‘Het is een heel fijne muur. We zitten erop of schieten met de bal ertegenaan en kleine kinderen zitten er graag te spelen of te kletsen.’
‘Ach, een soort paradijs voor arme flatbewoners,’ zei Sophia. ‘Jammer joh.’ En ze fietste weg, met haar vriendinnen achter zich aan.

Nina, Alfa en Ruben liepen de parkeerplaats over. Ruben schudde zijn hoofd alsof hij natte haren had die hij droog wilde schudden. ‘Bleeeeeeh,’ deed hij. ‘Ze zijn zó vreselijk stom.’
Nina haalde haar schouders op. ‘Ze zijn weg.’
‘Maar nu weten ze wat we gaan doen,’ zei Alfa. ‘Misschien gaan ze wel naar de politie.’

‘Haha,’ zei Nina. ‘We doen niks wat niet mag, hoor. Bovendien woon je hier gewoon, het is niet raar dat we hier zijn.’
Ze kwamen bij het hek van gaas dat om het muurtje was neergezet. De muur was zo’n twee meter hoog en vier meter lang. Iemand had er een graffiti-tekening op gemaakt van twee honden die tegen een bal trapten, met daarachter blauwe vlammen. Aan de zijkant van de muur staken wat stenen uit, waardoor je omhoog kon klimmen als je durfde. Onder aan de muur groeide een beetje gras, waar lege blikjes in lagen. Een paar meter verderop stonden drie wipkippen op een stukje geel gras. Nina drukte haar gezicht tegen het gaas om de muur nóg beter te kunnen zien. ‘Hij doet me ergens aan denken, die tekening. Alsof ik hem al een keer gezien heb.’
‘Hij is mooi.’ Ruben kuchte even. ‘Zullen we nu terug naar de flat en gaan aanbellen?’
‘Bij tien deuren,’ zei Nina.
Ruben knikte. ‘En dat is genoeg om een wereldberoemde voetballer te vinden en een echte zaak op te lossen. Wedden?’

Roving Tom

'Dag meneer, woont er toevallig een beroemde voetballer in deze flat? Het liefst eentje die heeft leren voetballen door tegen de muur op de parkeerplaats te schoppen?'
Nina stootte Ruben aan. 'Je moet niet alles uitleggen!'
'Waarom niet?' vroeg Ruben. 'Ik vraag het gewoon.'
De man in de deuropening van flat 12-7 schudde zijn hoofd en deed de deur weer dicht.

Ze hadden aangebeld bij zeven deuren op de twaalfde verdieping, die verdieping had Ruben uitgekozen, maar niemand kende een beroemde voetballer die tegen de muur had gevoetbald. Bij de achtste deur deed een jonge vrouw open met een baby op haar arm. Ze woonde pas een paar maanden in de flat, zei ze. 'Vraag het aan meneer Paltoen op nummer tien van deze etage. Die weet alles.'
De kinderen sloegen flat negen over en liepen door naar

nummer tien. 'Dit is de op één na laatste,' zei Alfa. 'Ik schaam me dood.'
Ruben drukte op de bel. Een oude, donkere man deed open. 'Ja?' zei hij.
'Bent u meneer Paltoen?' vroeg Ruben.
De man knikte en wees op Alfa. 'En jij bent Alfa, je woont op de derde verdieping, soms.'
'U weet écht alles!' zei Alfa.
'Jullie willen weten over het muurtje dat wordt gesloopt, dat vertelde je vader me. Wist je dat hij al met de gemeente heeft gebeld?'
Alfa schudde haar hoofd.
'Om te vertellen dat die muur helemaal niet gevaarlijk is. En dat er hier verder niks is voor kinderen.'
'Ja!' riep Nina. 'We hebben recht op een speelplek!'
'Maar weet je wat de meneer van de gemeente zei?' ging meneer Paltoen verder.
De kinderen schudden hun hoofd.
'Dat er hier al een speelplaats is en dat dat muurtje daarom best weg kan en dat dat goed uitkomt omdat er dan meer parkeerplekken kunnen komen.'
'Huh?' zei Alfa. 'Welke speelplaats?'
'Precies,' zei meneer Paltoen. 'Weet je wat die man bedoelde?'
Ze schudden alle drie hun hoofd weer.
Meneer Paltoen ademde even diep in en riep toen: 'Die drie kippen!'
'Niet!' Alfa keek hem met grote ogen aan. 'Dat is toch geen speelplek!'
Ze draaiden zich om en keken over de balustrade naar de

parkeerplaats en naar het gele veldje met de drie scheef hangende wipkippen.
'Daar kunnen we toch niet spelen?' zei Alfa boos.
'Als je daar een bal tegenaan schopt, vallen ze om,' zei Nina. 'En dat gras! Dat is gewoon vies.'
'Meneer, weet u toevallig ook of er een voetballer, een beroemde, in deze buurt heeft gewoond?' vroeg Ruben. 'Eentje die tegen het muurtje heeft gevoetbald?'
Meneer Paltoen schudde zijn hoofd. 'Nee, volgens mij komt er geen enkele beroemde voetballer uit de Lindenbuurt.'
Alfa zuchtte. 'Tuurlijk niet, dat zei ik toch,' fluisterde ze geïrriteerd.
'Dat is maar goed ook.' Meneer Paltoen zette een stap naar achteren en deed de deur al een stukje dicht. 'Want dan hadden ze Roving Tom vast van de muur geschoten!'
Alfa keek hem aan. 'Roving Tom? Dé Roving Tom, winnaar van de Beste Zanger van het Land?'
'Die van "Morning Love"?' vroeg Nina.
Meneer Paltoen knikte. 'Ja, die. Tommie de Rover, van de vierde verdieping. Die zat altijd op die muur, met zijn voeten bungelend en zijn gitaar op zijn knie. Gaf hij concerten voor de kinderen uit de buurt. Tot zo'n drie jaar terug. Toen werd hij beroemd en daarna heb ik hem niet meer gezien, ik hoor hem alleen elke dag wel een keer op de radio.'
'Nou weet ik weer waar ik die muur van herkende!' riep Nina. 'Hij staat op de site van Roving Tom!'

Zodra meneer Paltoen de deur dichtdeed, renden ze naar de lift.

'Ik wist het wel!' zei Ruben.
'Het is geen voetballer,' zei Alfa.
'Nee,' zei Ruben. 'Maar hij is wel beroemd!'
'Heb je hem hier wel eens gezien?' vroeg Nina aan Alfa. Die schudde haar hoofd. 'Nee, ik woon hier pas tweeënhalf jaar.'

Ze fietsten naar Nina's huis – een keertje niet naar Ruben, want Nina had het album waar het om ging op haar laptop staan. Ze zette hem hard aan en brulde mee met Roving Tom. *Morning lóóóve, you are my good morning lóóóve.* Haar ouders waren er toch nog niet. Ze zette de laptop op het bed. 'We moeten hem mailen, toch?'
Alfa en Ruben knikten.
'En zo snel mogelijk,' zei Alfa. 'Anders zit ik de hele zomer op een wipkip.'

> **Van:** Ninadepiena@mail.com
> **Aan:** info@rovingtom.nl
> **Onderwerp:** Ze willen de muur slopen bij de flat! Help!
>
> Beste Roving Tom,
> Wij zijn drie kinderen die proberen de muur bij de Lindeflats te redden. Want de gemeente wil hem slopen en dan nog meer parkeerplaatsen maken.

Nina keek op van de laptop en schudde haar hoofd. 'We maken een fout.'
'Wat dan?' vroeg Alfa geschrokken.
'Anonimiteit, regel 1.'

Alfa knikte. 'Dan moet je dus niet schrijven dat we drie kinderen zijn.'
'En we moeten een nieuw adres aanmaken,' zei Ruben. Hij trok de computer naar zich toe. 'Ministerievanoplossingen@hotmail of zo?' Hij sloeg met zijn hand tegen zijn voorhoofd. 'Nee! Juist niet natuurlijk. Geen ministerie, iets heel anders. Anoniem.'
Alfa keek de kamer rond. 'Klerenkast@hotmail? Blauwegordijnen@yahoo?'
'Of iets van "reddemuurbijdelindelaan",' zei Ruben. 'Dat staat wel professioneel.'
Nina twijfelde. 'Maar dan kunnen we het alleen nu gebruiken en bij de volgende zaak niet meer. Moeten we elke keer een nieuw adres aanmaken.'
'We moeten een volwassen naam hebben, een zelfbedachte, volwassen naam,' zei Alfa. 'Zoals Fred. Dat vind ik een zeer volwassen naam.'
'Of Nico,' zei Nina. 'Zo heet mijn oom.'
Ruben tikte wat in en gaf de laptop terug aan Nina. 'Zo, we hebben een adres.'
Nina knikte tevreden en maakte de mail af.

Van: frednico@gmail.com
Aan: info@rovingtom.nl
Onderwerp: Ze willen de muur slopen bij de flat! Help!

Beste Roving Tom,
De muur waar je altijd gitaar op speelde, bij de flat van de Lindelaan, die muur die ook op je site staat, die gaan ze slopen. De gemeente wil (nog meer) ruimte voor

parkeerplaatsen maken. Maar de kinderen van de buurt hebben die muur nodig, om te spelen en rond te hangen zoals jij ook deed vroeger. Er staat al een hek omheen, dus we hebben haast. Kun je iets doen om die muur te redden?
Groet,
FredNico, gewoon iemand die de muur wil redden

'Zo,' zei Nina. 'En nu maar hopen dat hij het leest. Die man krijgt natuurlijk duizenden e-mails per week.'

Een afvalpunt voor boten

De volgende ochtend wilden Alfa en Nina het op school eigenlijk met iedereen hebben over het muurtje en Roving Tom en de flats van de Lindelaan waar ze aan hadden gebeld, maar dat kon natuurlijk niet. Dus keken ze elkaar heel vaak stiekem aan terwijl de juf het had over breuken en hun werkstuk en het weer. 'Nog een paar uur en we kunnen weer naar mevrouw Vis,' probeerde Nina te zeggen met haar ogen. En: 'Spannend hè! Misschien heeft Roving Tom wel gemaild!' Alfa snapte het nog ook, want ze glimlachte terug en zong 'Morning looooove' zonder geluid te maken.

's Middags na school zaten ze op de grond in de woonkamer van mevrouw Vis. Die was onder de indruk van het onderzoek in de Lindeflat.

'Geen voetballer maar een popster! Wie had dat nou gedacht!' Haar ingevallen wangen waren rood en ze wreef vrolijk in haar handen. 'Maar jullie hebben dus nog niks van hem gehoord?'

'Nee,' zei Nina. 'Maar ik heb alweer twee uur de mail niet gecheckt.'

'Dat moet je zo meteen misschien maar even doen dan,' zei mevrouw Vis met een glimlach. 'Maar ik heb eerst een brief die jullie moeten lezen.' Ze pakte een langwerpige envelop van onder het kussen van haar stoel en hield hem voor zich uit. Nina pakte hem aan. 'Er staat geen adres op.' Ze draaide de envelop om. 'En ook geen afzender. Alleen een paar cijfers en letters in de hoek.'

'Er hoeft geen afzender op,' zei mevrouw Vis. 'Ik weet van wie hij is. Maak maar open.'

Nina scheurde voorzichtig de bovenste rand van de envelop en haalde er een A4'tje uit met een paar regels tekst.

Beste mevrouw J. Vis,
We hebben uw vraag ontvangen en ons antwoord luidt: ja, natuurlijk geldt dat ook voor kinderen. Als ze zich maar aan de regels houden.

Met vriendelijke groet,

het Internationale Genootschap van Oplossingen

'Nou, daar is ons antwoord,' zei mevrouw Vis tevreden. 'Drie zaken oplossen en we kunnen het Ministerie officieel heroprichten. En dit keer kreeg ik een vriendelijke groet!'

'Wow,' zei Nina.
'We kunnen écht het Ministerie van Oplossingen worden!' riep Alfa.
'Had u ze geschreven?' vroeg Ruben.
Mevrouw Vis schudde haar hoofd. 'Gebeld.'
'Wat stoer,' zei Nina. Ze wilde eigenlijk op en neer springen, maar vouwde eerst de brief braaf op en deed hem terug in de envelop. Daarna stond ze op en begon ze te springen.
'Hoe kunnen ze zo snel een antwoord sturen vanuit Zwitserland?' Ruben bekeek de envelop.
'Tja,' zei mevrouw Vis. 'Daar zijn ze het Internationale Genootschap voor.' Ze klapte twee keer in haar handen. 'Goed jongens, wat gaan we nu doen?'
'Ik ga de laptop halen,' zei Ruben en hij sprong op.
'Weet u hoe dat eruitziet, mevrouw Vis, een laptop?' vroeg Alfa.
De oude vrouw knikte. 'Jawel. Ik hoor over alle ontwikkelingen op de radio en op televisie. Maar ik heb er nog nooit een gezien, zo'n draagbare computer.'
'O ja,' zei Alfa. 'Dat is jammer. Gelukkig zijn ze niet echt mooi, hoor. Niet zoals een regenboog of water met belletjes.'
'Is het moeilijk om blind te zijn?' vroeg Nina, die weer was gaan zitten.
'Soms,' zei mevrouw Vis. 'Ik vond het heerlijk om boeken te lezen, en om door de boeken van het Ministerie te bladeren en alle zaken door te nemen. Dat mis ik. En ik weet niet hoe mensen eruitzien. Jullie bijvoorbeeld, lijken jullie op elkaar?'
Nina en Alfa keken elkaar aan. 'Niet echt,' zei Alfa lachend.

'Nina heeft een donkerblonde paardenstaart en ik vlechtjeshaar met witte kraaltjes, Nina is wit en ik ben bruin en Nina is langer dan ik.'
Mevrouw Vis knikte. 'Aha. En Roving Tom?'
'Die is superknap,' zei Nina direct. 'Heel lang, met bruine krullen en een superlieve glimlach.'
'Haha,' zei Alfa. 'Dat wist ik niet.'
'Wat?' vroeg Nina.
'Dat je op Roving Tom was!'
Nina gaf Alfa een boze por met haar elleboog. Ze hoorde een onbekende giechel en keek op. Mevrouw Vis zat in haar stoel te gniffelen. 'Haha, Nina is op Roving Tom.'
En toen moest Nina ook lachen.

Een paar minuten later was Ruben terug met de laptop. Nina logde in op het zelfbedachte emailadres.

Van: info@rovingtom.nl
Aan: frednico@gmail.com
Onderwerp: RE: Ze willen de muur slopen bij de flat! Help!

Beste Fred en/of Nico,

We hebben jullie mail doorgestuurd naar de persoonlijke e-mail van Tommie, hij zal contact opnemen.

Hartelijke groet,
Kobus Mendez, manager

'Jeeej!' zei Nina.
'Mooi,' riep Alfa. 'Wat nu?'
'Wachten,' zei Ruben.
'De volgende zaak oplossen,' zei Nina. 'We moeten er hierna nog twee! We kunnen naar de boot langs het kanaal waar Sophia altijd rommel op het dek gooit. Kom op, het is pas vier uur en het is om de hoek!' Ze sprong op. 'Dan komen we morgen na school hier weer heen, is dat goed, mevrouw Vis?'
De buurvrouw knikte. 'Dat is uitstekend. Dan sluit ik bij dezen de tweede vergadering van het Begin van het Nieuwe Ministerie van Oplossingen.'

'Dus je hebt gezien dat ze vuilnis op het dek van een boot gooiden en dat er een man woont?' vroeg Nina aan Ruben terwijl ze haar fiets tegen een boom bij het kanaal zette. De zon scheen, de wind maakte ribbels op het water.
'Toen ik achter Sophia aan fietste, zag ik dat zij en de meiden hele vuilniszakken van het afvalpunt naar die boot sleepten.' Ruben wees eerst op een aantal kleine containers die tegen de bosrand stonden en toen op een klein schip. 'En voordat ze de zakken op het dek gooiden, scheurden ze ze open. De tweede keer dat ik het zag gebeuren, kwam er een oude man naar buiten om ze weg te jagen. Toen moesten ze alleen maar heel hard lachen.'
'Bleeeergh,' zei Alfa. 'Stel je voor dat er een muis in die zakken zat. Of gevaarlijk afval.'
Nina keek om zich heen. Langs het kanaal lagen een stuk of vijftien woonboten. Sommige waren heel groot en nieuw, andere waren echte vaarschepen geweest vroeger. Op het

dek van de boten hing hier en daar was te drogen en op sommige stond kinderspeelgoed. Een aantal mensen had een tuintje aan de oever, met stokken waar tomatenplanten tegenaan leunden. 'Die boot ligt gewoon het dichtst bij het afvalpunt,' zei Nina.
Ruben knikte. 'Precies. Ze pakken gewoon steeds dezelfde boot omdat 't het makkelijkst is.'

'Kom,' zei Nina. 'We kloppen aan.'
'Bij die boot?' Alfa deinsde achteruit. 'Misschien ligt er wel een lijk binnen tussen al het afval! Of is die man een kinderlokker, die wegvaart zodra hij een van ons te pakken heeft.'
Nina zuchtte even. 'We zijn met zijn drieën. En we gaan niet naar binnen, oké? We blijven gewoon op het steigertje staan.'
Ruben knikte. 'Het is een onderzoek. We willen weten wie er woont, wat hij van Sophia weet, hoe vaak hij wordt gepest en...' Maar Nina was al bij de kleine, blauwe deur van de boot en klopte aan.
Ruben en Alfa renden achter haar aan.
R. BARREMANS, stond er op een houten bordje naast de deur. Ze wachtten met z'n drieën op de houten steiger, waar het water van onderen tegenaan golfde omdat er net een groot schip vol zand langs voer. Toen hoorden ze binnen in de boot 'bonk, bonk, bonk'. Alfa pakte Nina's hand vast en fluisterde: 'Zie je wel!'
'Een lijk zegt geen bonk!' siste Nina. 'En een kinderlokker ook niet per se.'
De deur ging open en er verscheen een kleine, oude man

met een blauwe pet op. Alfa piepte even. De man keek de kinderen zwijgend een voor een aan. Zijn ogen stonden boos, zijn donkere wenkbrauwen hingen er bijna overheen. Nina voelde haar hart bonken, misschien had ze toch niet zomaar moeten aankloppen...
'Jullie zijn het niet,' zei de man toen. Zijn gezicht klaarde op.
'Wie zijn we niet, meneer?' vroeg Nina.
'Die rotkinderen. Die zijn kleiner. En het zijn alleen maar meisjes. En ze zijn niet bruin. Jullie zijn andere kinderen. Wat willen jullie? Ik koop die kinderachtige postzegels niet want ik verstuur toch nooit post, al klets ik graag met de postbode, die is erg vriendelijk.' Hij glimlachte even.
'Ehm,' zei Nina. Ze wilde vragen of die postbode een zwarte baard had. En ze wilde vragen hoe vaak die rotkinderen langskwamen. Maar ze realiseerde zich dat ze geen plan had. Ze had geen idee wat ze van deze meneer wilde weten en hoe ze ernaar moest vragen.
'Ehm,' zei ze nog maar een keer. Ze kon toch niet zomaar vragen naar Sophia en haar bende? Dat zou niet anoniem meer zijn. Ze trok aan haar paardenstaart. Ze kon ook niet zomaar weglopen. Ze staarde naar haar bloemetjeslaarzen.
'Dan gaan we weer,' zei Ruben. Nina keek verbaasd naast zich. Ruben glimlachte beleefd naar de man. 'We verkopen die kinderpostzegels inderdaad. En als u nooit een kaartje verstuurt, hebt u er niks aan.'
'Dag!' zei Alfa snel.
'Misschien komen we terug als we iets verkopen waar u wel wat aan hebt,' zei Nina.

‘Oké,’ zei de meneer, ‘als jullie maar geen rotzooi komen trappen.’ Toen deed hij de blauwe deur dicht.

Ze liepen met z’n drieën terug naar hun fietsen.
‘Dat was kort,’ zei Nina.
‘Maakt niet uit, toch?’ zei Ruben. ‘We weten nu wie er woont. R. Barremans.’
‘Maar we hebben geen plan,’ zei Alfa.
‘Dat dacht ik net ook,’ zei Nina. ‘Maar inmiddels heb ik dat wel. Tenminste, ik ga aan mijn vader vragen of hij die man kent. Hij zei dat hij kletst met de postbode. Misschien is dat papa wel en anders een van zijn collega’s.’
Hun fietsen stonden nog steeds tegen de boom. Maar alle drie de achterbanden waren leeg. Er staken kleine, witte punaises uit.

Barremans

'Pap,' zei Nina die avond. Ze had net vier pannenkoeken met appelstroop op en hing op de grote stoel in de kamer, met haar benen bungelend over de ene armleuning en haar hoofd over de andere. Haar rode laarzen bonkten tegen de rand van de stoel.

Haar ouders zaten aan tafel te lezen. Nina's vader keek op. Dat zag er grappig uit, want Nina zag hem ondersteboven. 'Ja, mop,' zei hij.

'Bezorg jij ook post bij de woonboten aan het kanaal?'

'Ja,' zei haar vader. 'Waarom?'

'Ik hoorde iemand zeggen dat de postbode aardig was, iemand die daar woonde. Een oude man, Barremans.'

'Klein, houten been, pet op?' vroeg haar vader.

Nina dacht even na. Houten been? Daarom had hij zo gebonkt toen hij naar de deur liep! Ze knikte, wat best moeilijk is als je over een armleuning hangt.

'Daar maak ik wel eens een praatje mee,' zei haar vader. 'Maar hij krijgt nooit post, die arme man.'
'Is zijn been echt van hout?' vroeg Nina. 'Dat klinkt als iets van heel vroeger.'
'Hij is ook een beetje van vroeger,' zei haar vader lachend. 'Maar het is een schat van een man. Treurig ook.'
Nina trok haar benen in en ging overeind zitten. 'Treurig?'
Haar vader knikte langzaam. 'Altijd als ik daar langs fiets op weg naar de woonwijk erachter, dan staat hij op het dek van zijn woonboot. We kletsen wel eens.'
'Maar waarom is hij treurig dan?' vroeg Nina. 'Zinkt de boot?'
Haar vader schudde zijn hoofd en staarde naar buiten. 'Soms worden mensen ouder en hebben ze niemand meer. Dat lijkt me gewoon vreselijk. Die man staat elke dag op mij, de postbode, te wachten zodat hij iemand heeft om mee te praten. En hij krijgt nooit post!'
'Dat is zielig,' zei Nina.
'Heeft hij geen kinderen?' vroeg Nina's moeder terwijl ze opkeek van haar boek.
'Hij heeft een zoon in Amerika,' zei haar vader. 'Maar daar heeft hij geen contact mee. Hij was een zeeman, hij was altijd weg. Hij had wel een vrouw aan wal, en dus een zoon, maar die zag hij bijna nooit en nu is het te laat.'
'Dus het is ook zijn eigen schuld?' zei Nina.
'Mensen maken fouten, liefie,' zei haar vader. 'Maar als je dan zeventig bent en er komt nooit eens iemand op visite, dat vind ik zielig.'
En dan word je ook nog eens gepest door een groepje tienjarige monsters, dacht Nina. 'En vrienden? Heeft hij

geen vrienden?' Ze wilde nu alles over Barremans weten.
'Of een hond?' vroeg haar moeder.
'Hij mist een been,' zei haar vader. 'Dus hij loopt moeilijk en die woonboot ligt best ver van de bewoonde wereld, hij kan niet eventjes naar het café om te kaarten. En hij kan ook geen hond uitlaten.'
'Wat is er gebeurd dan?' vroeg Nina. 'Met dat been?'
'Dat is geamputeerd op een van de eilanden van Papoea-Nieuw-Guinea nadat er aan boord een lading kisten op was gevallen.' Nina's vader was even stil en trok zachtjes aan zijn baard. 'Hij heeft me wel verteld over vrienden hoor, zeemannen van over de hele wereld. Maar ja, dat zijn nu ook allemaal oude mannen, ver weg.'
Nina sprong op van haar stoel. 'Dank je, papa. Dat klinkt alsof het een heel zielige man is.' Ze pakte haar laptop en klikte hem open. Ze wilde snel opschrijven wat ze net allemaal had gehoord.
Haar vader lachte. 'Nien, niet zomaar bij een vreemde oude man aanbellen omdat je je verveelt, hè?'
Nina lachte ook. Haar vader was best slim. 'Nee papa, nooit alleen en zeker niet omdat ik me verveel. Heb je niet gemerkt dat ik me nooit meer verveel, al een week niet?'
Haar vader knikte. 'Dat is ons opgevallen, ja.'
'Je bent druk, zonder ons huis te verbouwen,' zei haar moeder. 'Als je er ook nog voor zorgt dat mijn autoradio het weer doet, ben ik helemaal tevreden.'
'Ja, mam,' zei Nina. In gedachten verzonken klikte ze haar mail aan. Wat zouden ze kunnen doen om Barremans te helpen? Eén nieuwe mail. Ze zag de afzender en slaakte een gil.

Van: tderover@freemail.nl
Aan: frednico@gmail.com
Onderwerp: RE: re: Ze willen de muur slopen bij de flat! Help!

Hé,
Dank voor de mail man, ik had geen idee. Natuurlijk moeten we die muur redden! Ik heb er m'n halve jeugd tegenaan en op gehangen. Ik zeg: morgenavond, 19:00 concert voor de hele buurt vanaf m'n oude stekkie bovenop. Ik neem pers mee en gooi het op Twitter.
Groetjes,
Tommie

'Aaaaahhhh!' riep Nina en ze sprong op. Roving Tom! Roving Tom had teruggemaild! En hij ging optreden op de muur! Morgen al! Dit moest ze de rest vertellen.
'Gaat alles goed?' vroeg haar moeder.
'Ja!' gilde Nina vrolijk. Ze pakte de huistelefoon en stormde naar boven. Ze rende naar haar kamer, schopte haar laarzen uit en sprong tien keer op haar bed op en neer. Toen belde ze Alfa.
'Hé, Nien!'
'Roving Tom komt naar de muur toe!'
'Wat? Ieie! Echt? Hoe weet je dat?'
'Hij heeft me gemaild! Hier: morgenavond om zeven uur geeft hij een concert op de muur. Het is echt een mail van hem!'
'Neeeee! Weet Ruben het al? En mevrouw Vis?'
'Ik ga Ruben nu bellen! Tot morgen!'

Ruben gilde net zo hard als Nina en Alfa hadden gedaan en hij beloofde dat hij meteen langs zou gaan bij mevrouw Vis, ook al was het avond.
'Ik kan niet wachten tot we hem morgen ontmoeten!' zei Ruben. En toen direct: 'O nee, dat kan niet. We kunnen hem niet vertellen dat we hem hebben gemaild.'
'Hm, nee, dat kan niet,' zei Nina. 'Maar we hebben wel mooi een concert morgenavond!'

Tom en de muur

'*Morning love, good morning lóóóve.*' Nina fietste naar Ruben en zong heel hard de nieuwste hit van Roving Tom. '*You are my good morning love!*'
Naast haar reed haar vader, die zijn best moest doen haar bij te houden. 'Hé, Nien, ken je nog meer liedjes van die vent, ik hoor steeds hetzelfde!'
Nina hield even op met zingen. 'Ehm, iets met tadadadada beng beng, nanana *only one for me*, nanana.'
'Je kent de tekst niet, hè?'
'Geen idee! De muziek is super, maar ik let nooit op de woorden.'
'Oké, doe dan die *morning love* maar weer.'
'*Morning lóóóóve!*'

Ruben stond met z'n fiets klaar en zwaaide toen hij Nina en haar vader aan zag komen.

Nina's vader moest lachen. 'Wat een klein jochie nog,' zei hij zachtjes. 'Mama en ik dachten dat het een of andere bink zou zijn, op wie je verliefd was. Je gaat zo vaak naar zijn huis en nu ging hij mee naar dit concert van je idool. Dat is echt iets wat vriendjes doen.'
Nina lachte. 'Pap! Nee! Hij is pas negen. Maar heel aardig hoor.'
'Ruben, er was iets met die naam laatst...' zei haar vader. 'Waar kwam ik die nou tegen?'
Nina dacht aan de brief en werd rood. 'Hmm, geen idee,' zei ze en ze deed net alsof ze moest hoesten.

Om halfzeven wemelde het al van de mensen op de parkeerplaats van de Lindeflats. Kinderen, volwassenen, twee cameraploegen. Alfa stond de anderen op te wachten bij de ingang van haar flat. 'Kom, we gaan naar voren!' zei ze.
Ze vonden een plekje vlak bij het hek dat om het muurtje heen stond. Daar wachtten ze tot Roving Tom op kwam dagen. Elke keer dat haar vader even niet oplette, vertelde Nina aan Ruben en Alfa wat ze geleerd had over Barremans. 'Houten been!' fluisterde ze. 'Zeeman!' en 'zoon in Amerika'.
Het werd steeds drukker op de parkeerplaats. Er stonden een hoop mensen op de balkons van de flat, ook mensen die daar niet woonden.
'Kijk!' Ruben stootte Nina aan en wees op het balkon van de tweede verdieping. Er stond een meneer met een zwarte hoed naast een meisje met bruine krullen.
'Sophia,' verzuchtte Nina. 'Natuurlijk. Die komt waarschijn-

lijk kijken hoe ze een parkeerplaats vol mensen het beste kan treiteren.'

Alfa keek haar geschrokken aan. 'Wat zou ze van plan zijn? Gaat ze gemene filmpjes maken?'

Nina schudde haar hoofd. 'Nee joh.'

'Wat dan?' vroeg Alfa in paniek.

Nina legde een arm om haar schouders. 'Ik denk dat zelfs een intens gemeen klein meisje van tien niet op kan tegen een veld vol juichende mensen. Heb jij je band al geplakt?'

Alfa knikte. 'M'n moeder heeft me laten zien hoe het moest. Was best leuk.'

'Roving Tom! Roving Tom!' begonnen een paar jongens te roepen en langzaam ging iedereen meedoen en klappen, Nina, Alfa en Ruben ook. 'Roving Tom! Roving Tom!' Ze keken elkaar zenuwachtig aan. Zou hij echt komen?

Om precies zeven uur kwam er een jongen met een leren jack over de parkeerplaats lopen met een versterker en een rugzak. Iedereen ging aan de kant. De jongen zette de versterker bij het hek en sloot er een microfoon op aan.

'Dames en heren, welkom!'

'Woeeeeee,' riep de hele parkeerplaats.

'Staan jullie hier toevallig op iemand te wachten?'

'Jaaaaaaa!'

'Hebben jullie er zin in?'

'Jaaaaaaa!'

'Dan is hier voor u... Roving Tom!'

Het publiek maakte een paadje vrij, en Roving Tom liep vanaf de flat naar de muur, met zijn gitaar in zijn hand. Hij liep vlak langs Nina, ze kon de zwarte haartjes van zijn stoere, korte baard zien. Hij droeg een wit T-shirt, een vale

spijkerbroek en zwarte gympen. Toen hij voor het hek stond, pakte hij de microfoon.
'Hallo allemaal!'
'Hallo!' riep het hele parkeerterrein.
'Jaren geleden, toen ik nog een kleine Tommie was, kreeg ik van mijn vader een gitaar.' Hij hield de gitaar in de lucht. 'Deze gitaar. En omdat we thuis niet zo veel ruimte hadden, vier broers op één flat, ging ik naar buiten. En wat was er buiten? Niks! Alleen een muur! Deze muur!'
'Woeeeeee!' deed het publiek.
'Het is al niet veel en nu willen ze hem slopen. Terwijl de kinderen en jongeren van de Lindelaan toch érgens heen moeten met hun voetbal en hun graffiti en hun roddels en hun gitaar!'
Nina klapte in haar handen, net als iedereen. 'Hij zegt precies de juiste dingen, hè,' fluisterde ze in Alfa's oor. Alfa knikte glunderend.
Tom was nog niet klaar. 'Ik wil graag een afscheidslied spelen voor mijn muur, maar er staat een hek voor. Hoort er een hek om deze muur?'
'Neeeeeee!' riep het publiek.
De jongen die de versterker had gedragen pakte een snoeischaar uit zijn tas en Roving Tom knipte een stuk van het gaas door. 'De rekening kan naar mij, gemeente!' riep hij. Hij hing zijn gitaar op zijn rug en klom in drie stappen via de uitstekende bakstenen aan de zijkant de muur op. Hij liep voorzichtig naar het midden, waar hij ging zitten met zijn gitaar op schoot. Z'n zwarte gympen bungelden heen en weer. Nina zuchtte even. De jongen met de versterker liep naar de muur toe en hield de micro-

foon zo ver mogelijk omhoog. Roving Tom kuchte even en begon te spelen. 'Morning love, good morning lóóóve, you are my good morning love.' Bij de eerste woorden begon iedereen op de parkeerplaats mee te zingen. Nina kreeg er kippenvel van. Roving Tom zong het hele nummer vanaf de muur, keek af en toe even goed in de camera's en zwaaide naar mensen in het publiek. Toen het nummer klaar was, ging hij boven op de muur staan. 'Echt, er zijn al genoeg parkeerplaatsen op de wereld, en zéker hier. Eigenlijk zou de gemeente een buurthuis moeten bouwen, of een voetbalveld aanleggen. Dat doen ze niet, maar laat dan onze muur staan, man! Dank Fred en Nico, jullie staan hier vast ergens tussen, voor de mail waarmee dit in gang is gezet! Dat was het weer, *be safe!*'

Een halfuur later was de parkeerplaats weer bijna leeg. De kinderen stonden bij de fietsen.
'Dat was gaaf,' zei Alfa. Ze sliep bij haar vader, dus hoefde ze alleen de lift in om thuis te komen.
'Echt heel gaaf,' zei Nina.
'O-o,' mompelde Ruben.
Meneer Paltoen kwam grijnzend op ze afgelopen.
'Zo, dat was een mooi optreden!'
'Dat was het zeker,' zei Nina's vader. 'Ik kende die hele Tom niet, maar ik ben onder de indruk. Daar luisteren ze vast wel naar bij de gemeente. Zeker met die camera's erbij.'
'Ik hoop het voor de jeugd hier,' zei meneer Paltoen.
'Nou, da-hag!' zei Nina.
'Hebben jullie dat geregeld?' vroeg meneer Paltoen, en hij wees naar de parkeerplaats.

Nina werd rood. 'Wij? Nee. Haha. Nee! Waarom?'
Ruben schudde met zijn hoofd en Alfa met het hare, de witte kraaltjes botsten tegen haar wangen.
'Ik had het erover met jullie vriendin, dat het zo toevallig was dat jullie iemand zochten die beroemd was en uit de flat kwam en dat dit nu gebeurt.'
'Onze vriendin?' Nina haalde even diep adem. 'Hoe zag ze eruit?'
'Een schattig meisje,' zei meneer Paltoen. 'Bruine krullen, rode jas.'
Ruben keek Nina aan. 'Wij zochten een voetballer,' zei ze.
'Voor iets op school,' zei Alfa.
Nina's vader lachte zijn bulderlach. 'Dat zou wat zijn geweest! Als mijn dochter hier iets mee te maken had gehad, dan had ik dat wel gehoord! Nee, die Tom van jullie had het over twee mannen, Fred en Nico, die dit in gang hadden gezet.'
'O ja,' zei meneer Paltoen. 'Ik vond het al wat veel voor drie kinderen.'
'Precies,' zei Nina. 'Ha! Dat zouden wij nooit kunnen!'
En toen fietsten ze snel naar huis.

Zeerover Henk

Het duurde een paar dagen voordat Nina weer stil kon zitten. In de klas wiebelde ze op haar stoel, de juf moest er zeven keer iets van zeggen. Thuis sprong ze met twee benen tegelijk de treden van de trap op elke keer dat ze naar boven moest en sprong ze vijftien keer van haar bed op de grond voordat ze kon slapen. Toen de buurman vroeg waar al dat lawaai vandaan kwam, legden Nina's ouders uit dat hun dochter nieuwe vrienden had gemaakt en haar idool live had zien optreden.

Maar dat was natuurlijk niet het enige. Nina kon niet wachten totdat ze weer Ministerie van Oplossingen mocht zijn. Ze had wel honderd ideeën om Barremans te helpen, maar ze moest eerst gewoon naar school, net als Alfa en Ruben. Dus sprong ze rond. De wind in haar kop, zei haar moeder, maar vooral ook heel veel trots. Ze hadden een speelplek gered! Iedereen die vanaf nu met een bal tegen de muur aan zou schoppen, deed dat omdat het misschien-wel-Ministerie van Oplossingen de boel had opgelost. Ha!

De dag na het optreden had Ruben een krantenartikel gemaild aan Alfa en Nina. Hij sms'te er direct achteraan en toen hij na vijf minuten niks hoorde, belde hij naar Nina's huistelefoon.
'Het is Ruben,' had haar moeder met een frons gezegd. 'Hij zegt dat je je mail moet checken.'

Roving Tom zorgt voor behoud speelmuur

Hij klom op de muur waar hij zo veel jaar op had zitten spelen en zong 'Morning love': de populaire zanger Roving Tom heeft gisteren een optreden gegeven op een muur in de Lindenbuurt en heeft daarmee resultaat geboekt. Het optreden was aangekondigd via social media en honderden fans en buurtbewoners verdrongen zich om de winnaar van de Beste Zanger van Nederland zijn megahit te zien vertolken. Roving Tom, geboren als Tommie de Rover, wilde met zijn optreden de gemeente ervan overtuigen de muur waar hij als kind veel speelde, niet af te breken. Een woordvoerder van de gemeente liet onze redactie weten dat men zich niet voldoende had gerealiseerd wat de muur voor de wijk betekende, en dat deze niet zal worden afgebroken.

Toen ze zondagochtend eindelijk weer met z'n allen aan tafel zaten bij mevrouw Vis, legde Ruben het uitgeprinte stukje trots op tafel. Ze dronken appelsap en aten stroopwafels die Rubens moeder had meegegeven. Nina legde haar opschrijfboekje naast het krantenartikel. Ze zette een krul bij 1. *Alfa's muurtje redden.*
'Ik vind dat jullie het heel goed hebben gedaan,' zei mevrouw Vis en ze kauwde tevreden op een stroopwafel. 'Als echte ambtenaren van het Ministerie.'
Nina gloeide van trots. 'En nu de volgende oplossing!' riep ze. Onder de tafel wiebelden haar voeten zo hard dat haar laarzen tegen de onderkant van haar stoel botsten.
'Wat is het probleem van meneer Barremans?' vroeg mevrouw Vis. 'Waarmee zouden we hem kunnen helpen?'
'Sophia wegjagen!' zei Ruben. Hij twijfelde even en zei toen: 'Ik bedoel: zorgen dat hij geen last meer heeft van Sophia.'
'We kunnen een alarmsysteem om zijn boot heen bouwen,' zei Alfa. 'Zodat er een sirene afgaat wanneer iemand vuilnis rond sleept en er dan grote lichten gaan schijnen en honden gaan blaffen.'
'En zorgen dat hij minder eenzaam is,' zei Nina.
Mevrouw Vis knikte. 'Als we ons daar nou eens op richten.'
Nina haalde diep adem, hier had ze de afgelopen dagen al springend veel over nagedacht. 'We kunnen een feest geven op het veld voor zijn boot, zodat hij vrienden maakt. Of hem uitnodigen in de klas, dat hij kan vertellen over het leven op zee. Of een andere eenzame zeeman zoeken ergens in de stad en zorgen dat ze vrienden worden.'
'Hij had ooit wel vrienden, toch?' vroeg Ruben.

'Volgens mijn vader wel,' zei Nina. 'Van vroeger.'
'Zullen we er eentje opsporen en naar de boot brengen? Net zoals op tv,' zei Alfa. 'Dat ze elkaar dan op een afstandje zien en op elkaar afrennen, met hun houten benen.' Ze deed haar armen wijd en deed net alsof ze huilde. 'Barremans! Zeerover Henk!'
Ruben giechelde. 'Hoe zouden we die vinden dan?'
'Zeeroverhenk.nl,' zei Nina. 'Voor al uw oude vrienden van zee.'
'Hahaha,' zei Alfa.
'Zou Barremans internet hebben?' vroeg mevrouw Vis.
Nina haalde haar schouders op. 'Ik denk het niet. Mijn vader zei dat hij geen contact meer had met vrienden omdat ze zo ver weg woonden.'
'Mijn oom heeft een nieuwe computer,' zei Alfa. 'Daar schept hij steeds over op als hij mijn moeder spreekt. Dat-ie supersnel is en zo. Als we zijn oude computer nou aan Barremans geven, dan kan hij zelf zijn vrienden van vroeger vinden.'
'En zijn zoon in Amerika!' zei Nina. 'We kunnen hem een computer laten winnen in een loterij, net als vroeger bij het Ministerie. Toch, mevrouw Vis?'
Mevrouw Vis knikte. 'Ja, we lieten mensen de hele tijd zogenaamd winnen zonder dat ze ergens aan hadden meegedaan. Ze trapten er elke keer weer in.' Ze draaide zich voorzichtig om en strekte haar linkerarm uit naar de boekenkast die tegen de muur stond. Ze voelde even aan de boeken, pakte er eentje met twee handen uit en legde hem op tafel. '1947-2, als ik het juist heb.'
Nina leunde voorover om de kaft van het boek te kunnen lezen. MVO 1947-2 stond erop. 'Ja!' zei ze verbaasd.

Mevrouw Vis glimlachte. 'Halverwege dit boek staat een leuke zaak met een loterij. Over twee broers.'
Ruben pakte het boek en begon te bladeren. 'Hebbes,' zei hij. '1947- april, hoe de gebroeders Kerkelaar een hond wonnen.'

Het kwam het Ministerie ter ore dat de gebroeders Kerkelaar eenzaam waren. De twee oudere broers kwamen zelden buiten, waardoor de gezondheid van beiden verslechterde. Navraag leerde ons dat de broers vroeger een hond hadden, maar dat ze de kosten voor de verzorging niet meer aankonden. In het stadsasiel hebben we toen een hond uitgezocht, een wat oudere herder die Bob heette. We hebben de gebroeders Kerkelaar laten weten dat ze meededen met de buurtloterij 'Hier een Dier.' Een uur later kwamen we opnieuw langs om te vertellen dat ze Bob hadden gewonnen. Niet alleen kregen ze de hond, ze kregen er ook vijf jaar gratis hondenbrokken bij, een mand, een riem en twee balletjes om mee te gooien.

'Leuk,' zei Alfa. 'Ook voor die hond.'
'Maar wat ik niet snap,' zei Ruben terwijl hij het boek zachtjes dichtsloeg, 'is hoe de mensen van het Ministerie aan konden bellen bij die broers en dan toch nog anoniem waren.'
'En hoe gaan wíj dat doen?' vulde Nina hem aan. 'Barremans heeft ons al een keer gezien, we kunnen hem niet zomaar die laptop laten winnen. Zeker niet met Sophia in de buurt.'
'Ah,' zei mevrouw Vis. 'Daar is de kist voor.'
'Ja!' zei Alfa. 'We gaan ons verkleden!'

'Vermommen,' zei mevrouw Vis. 'Maar niet alle drie. Dat valt op, omdat jullie als drietal bij hem langs zijn geweest.'
'Ik blijf wel thuis,' zei Ruben. 'Ik wil iemand vinden die de computer en het internet bij meneer Barremans kan installeren.'
'Kost dat geen geld?' vroeg Alfa.
Mevrouw Vis knikte. 'Jawel, we zullen de installateur een uurloon moeten betalen. En we moeten betalen voor het internetabonnement. Normaal is daar een potje voor. Een officieel Ministerie van Oplossingen krijgt geld van het Internationale Genootschap in Genève voor dat soort dingen.'
'Net als voor die hondenbrokken en de mand voor Bob de hond?' vroeg Alfa.
Mevrouw Vis knikte. 'Precies.'
'Maar wij krijgen dat niet.' Nina keek peinzend voor zich uit. 'Ik heb nog vijf euro.'
'Ik betaal het,' zei mevrouw Vis. 'En als het ons dan lukt om ons weer aan te sluiten bij het Internationale Genootschap, dan krijg ik het geld vanzelf weer terug.'
Nina glunderde. Dat klonk goed: aangesloten zijn bij het Internationale Genootschap.

Het konijn van Noria

'Kom naar mijn huis, ik heb wat.' Alfa liet het berichtje op haar telefoon zien aan Nina. Het was maandagmiddag en ze stonden voor de school te kletsen.

'Van Ruben,' zei Alfa. 'Heb je iets te doen?'

'Ik moet iets ophalen voor mijn moeder, die autoradio die ik kapot had gemaakt.'

'Waar?'

'Vlakbij,' zei Nina. 'Bij een garage. Schrijf maar dat we er binnen een uur zijn.'

Alfa en Nina fietsten naar de garage en zetten hun fietsen neer tegen een muur waar groot AUTOGARAGEKLUSBEDRIJF DE WINTER op stond geschilderd. EN KOFFIE, had iemand er bij geschreven. 'Autogarageklusbedrijf en koffie?' Alfa keek verbaasd de donkere werkplaats binnen. Het rook naar olie en asfalt en er stond hard een radio aan.

'Jazeker,' zei een lange jongen in een blauwe overal die naar buiten kwam lopen. 'Ik zet heel lekkere koffie. Bakkie?'
'Ehm, nee, dank je,' zei Alfa. 'Ik vind koffie vies.'
'Dat is omdat je een kind bent,' zei de lange jongen. 'Dat gaat vanzelf over. Ik ben Ali.' Hij zwaaide met een vieze, zwarte oliehand naar haar. 'Ik ben de eigenaar.'
Alfa glimlachte. 'Ik ben Alfa.'
'Hé, Ali,' zei Nina. Ze dook op van achter een kleine auto die zonder banden op een paar ijzeren paaltjes leunde. 'Heb je de autoradio van mijn moeder gemaakt?'
'Nee,' zei Ali. 'Dat is mislukt.' Hij rommelde in de bovenste la van een ijzeren bureau en haalde er een autoradio uit.
'Mislukt?' vroeg Nina.
'Ik ben goed in het repareren van auto's,' zei Ali. 'En ook in timmeren en lassen en schuren.'
'En in koffie zetten,' zei Alfa.
Ali knikte. 'Erg goed. Maar met die radio is iets technisch mis. Iets met de draadjes. Ik kan dat niet. Ik kan wel een autoradio uit een andere auto slopen en die aan je moeder geven, maar dat kost geld.' Hij gaf de niet-gerepareerde radio aan Nina. 'Zeg maar tegen je moeder dat het me spijt.'
'Oké.' Nina deed de radio in haar tas en stapte weer op haar fiets. 'Doei!' riep ze.
'Doei!' riep Ali.
Alfa zwaaide. Ze draaide zich naar Nina. 'Nu naar Ruben?'
Nina knikte.

Ruben zat in kleermakerszit op het groene kleed op zijn kamer. Hij keek ernstig naar de lichtpaarse tas die voor

hem lag. Toen Nina en Alfa de trap opkwamen, keek hij even op.
'Wat heb je daar?' vroeg Nina.
'Een tas,' zei Ruben. 'Noria's tas.'
'Noria? Dat is toch dat meisje dat gepest wordt door Sophia en haar bende?' Nina ging tegenover Ruben zitten, ook in kleermakerszit.
Alfa bleef staan. 'Heb je een tas gejat? Van een gepest meisje?'
Ruben keek even alsof hij zou gaan huilen. Toen schudde hij zijn hoofd. 'Ik heb niks gejat. Hij lag in de bosjes, ik heb hem alleen meegenomen.'
'Waar in de bosjes?' vroeg Alfa.
Ruben zuchtte en zette zijn bril recht. 'Noria werd weer eens achternagezeten door Sophia en haar heksen, net na school. Ze fietsten heel hard achter haar aan en trokken haar schooltas uit haar handen. Die gooiden ze in een heggetje. Nou, daar heb ik hem gepakt.'
'Was je toevallig in de buurt?' vroeg Alfa.
Ruben werd rood.
Nina schudde haar hoofd. 'Je volgde Sophia weer, hè?'
'Ja,' zei Ruben zachtjes. 'Sorry.'
'Stel je voor dat ze je gezien had!' zei Nina. 'Ze duikt al overal op waar wij zijn. Stel je voor dat ze doorkrijgt dat we de mensen aan het helpen zijn die zij pest!''
'Of stel je voor dat ze je had meegenomen naar een schuur waar ze je wekenlang had opgesloten!' zei Alfa.
'Ik zei toch sorry,' zei Ruben.
'Oké,' zei Nina. 'Als we hem toch hebben, laat me dan maar eens kijken wat erin zit.'

'Nee!' riep Alfa. 'Misschien is het wel een bom!'
'In de tas van een meisje van zeven?' Nina trok haar wenkbrauwen op en ritste de tas open. Ze haalde er twee grote schriften uit, een etui, een leeg broodtrommeltje en een kaal knuffelkonijn.
'Ach gut,' zei Alfa. 'Geef eens.' Ze bekeek het beestje van alle kanten. 'Helemaal kapot geknuffeld.'
Ruben opende een van de schriften. 'Kijk, er staat een adres in. Noria Abdul, Plesmandreef 4. Nu kunnen we hem terugbrengen. Dan hebben we een excuus om naar haar huis te gaan en kunnen we erachter komen hoe we kunnen helpen. Net als bij Barremans. Dat hoort toch bij het plan!'
Nina knikte. 'Heel goed. Maar ik vind het nog steeds stom dat je achter Sophia bent aan gereden.'

Een kwartiertje later stonden ze voor het huis van Noria. Het was een rijtjeshuis met witte gordijnen voor de ramen.
'Zou ze thuis zijn?' vroeg Alfa.
Nina haalde haar schouders op. 'Daar kunnen we maar op één manier achter komen.' Ze drukte op de bel.
Ruben hield de tas voor zich uit, zodat direct duidelijk was waarom ze langskwamen.
Het bleef even stil, toen hoorden ze voetstappen en ging de deur open. Een lange man met een petje op keek ze vriendelijk aan.
'Ehm,' zei Ruben. 'Ik ehm...'
Maar voor hij verder iets kon zeggen, riep de man: 'Noria's tas! Wat zal ze blij zijn. Kom binnen!' Hij sprak de 'z' heel duidelijk uit en zijn 'ij' klonk als 'ai'. De man pakte de tas aan van Ruben en hield de deur uitnodigend open.

De kinderen keken elkaar even aan. Toen stapte Nina naar voren. 'Hallo, ik ben Nina.' Ze stak haar hand uit.
'Ik ben Zalmai,' zei de man. 'Noria's vader.'
Alfa en Ruben gaven hem ook een hand, toen liepen ze achter hem aan het gangetje door, naar de huiskamer. Die was leeg en wit, aan de muur hingen een paar portretten en een schilderij met bergen. In de hoek van de kamer stond een laag, glazen tafeltje en een leren, beige bank met daarop een meisje met twee lange, zwarte vlechten. Ze zat in elkaar gedoken, haar armen over haar knieën geslagen, en ze keek angstig op toen de kinderen binnenkwamen.
'Je tas. Liefie. Ze hebben je tas,' zei Zalmai en hij legde hem naast haar op de bank.
Noria pakte de tas en ritste hem snel open zonder iets te zeggen. Ze haalde gespannen haar schriften eruit, haar etui, haar broodtrommel. Toen brak er een glimlach door op haar gezicht. 'Konijn!' Ze plukte het kale knuffeltje uit haar tas en hield het onder haar neus. 'Gelukkig, ze hebben konijn er niet uit gehaald!'
'Zouden ze dat doen? Een knuffel stelen?' vroeg Nina. Ze wist eigenlijk het antwoord wel. 'Het zijn echt zulke gemene...' Ze wilde allemaal rotwoorden zeggen, maar Noria was nog maar zo klein. 'Ehm, zulke gemene pestkoppen.'
'Dat zijn het zeker,' zei Noria's vader. 'Ga zitten, jongens, willen jullie thee?'
Ruben ging naast Noria zitten op de bank, Alfa plofte daarnaast neer. 'Graag,' zei Nina en ze ging op de grond zitten bij het tafeltje tegenover de bank.
'Mij pesten ze ook,' zei Ruben.

'Weet ik,' zei Noria. 'Ik zie het vaak op het schoolplein maar ik zeg er nooit wat van, sorry.'
'Nee, natuurlijk niet!' Ruben lachte. 'Jij bent veel jonger, je hoeft míj toch niet te helpen.' Hij keek even naar Alfa en Nina. 'Ik red me wel, hoor.'
Zalmai was weer binnengekomen met een dienblad met thee en ronde koekjes met een stuk walnoot in het midden. 'Afghaanse koekjes,' zei hij. 'Zelfgemaakt.' Hij ging op de grond zitten naast Nina. 'Dus jullie kennen de dames die mijn dochter, hoe zeg je dat? Achternajagen.'
Ruben knikte. 'Ze jagen mij ook achterna. Ze staan vaak voor mijn deur te kijken wat ik doe.'
'Het is vorig jaar begonnen,' zei Zalmai. 'Toen dat meisje op school kwam. Ze zegt dat Noria niet kan praten en dom is.'
'O!' riep Alfa. 'Niet geloven hoor, Noria!'
Het meisje keek Alfa even aan en schudde braaf haar hoofd.
'Jij bent er echt verdrietig van, hè?' vroeg Nina. Ze keek naar het poppengezichtje en de lange vlechten en wilde Noria eigenlijk knuffelen.
Noria snoof aan haar konijn en zei niks.
'Konijn hebben we meegenomen uit Afghanistan,' zei Zalmai. 'Ze heeft hem al haar hele leven. Noria's moeder is drie jaar geleden overleden. Ze was al erg ziek toen we hier kwamen. Konijn ruikt naar haar, zegt Noria.'
Nina keek naar Noria die haar konijn stevig vasthield en ze voelde tranen in haar ogen springen. Ze ademde even diep in en uit. En nog een keer. 'Wat vreselijk voor jullie.'
Zalmai keek haar vriendelijk aan. 'Ja. Het is erg verdrietig. En het is niet goed dat Noria gepest wordt. Hoe vaker die

meisjes zeggen dat ze nooit praat, hoe minder ze praat. En ze komt nooit naar buiten, wisten jullie dat?'
De kinderen schudden hun hoofd.
'Ze gaat naar school en meteen weer naar huis. Ze wilde al niet vaak weg, maar nu met die Sophia erbij is Noria echt alleen nog maar hier, op de bank. Of ze ligt op bed een boekje te lezen. Ze speelt nooit buiten, echt nooit. Ik probeer het vaak, dan zeg ik: Noria, de zon schijnt zo hard, kom mee naar het park. Of naar de tuin. Maar ze doet het niet.'
Het was even stil. Nina keek om zich heen en zag boven de bank een foto van een man met een baard. 'Is dat je opa?'
Noria knikte. 'Maar die woont in Kabul.'
'Dat is in Afghanistan,' zei Ruben. 'De hoofdstad.'
'Iedereen woont in Kabul,' zei Noria en ze wees op de andere foto's aan de muur. 'Mijn tante, mijn oom, mijn neefjes, mijn oma. En die laatste foto is mama.' Nina twijfelde even, toen stond ze op om de foto van Noria's moeder van dichtbij te bekijken. 'Wat heeft ze een lieve glimlach.'
Noria knikte.
Op een kleine foto ernaast zat Zalmai glimlachend aan een lange tafel vol kleine apparaatjes en gereedschap. 'Was dat uw werk, vader van Noria?' vroeg Nina.
Zalmai knikte. 'Ik werkte voor het elektriciteitsbedrijf van Kabul. Nu ben ik zelfstandige.'
'Wat betekent dat?' vroeg Alfa.
'Dat hij van niemand hulp nodig heeft,' zei Ruben.
Zalmai glimlachte. 'Ja, dat ook. Maar het betekent in dit

geval dat ik alleen werk, geen baas heb. Ik heb opdrachten, soms heel veel en dan wat minder veel.'
'En wat doet u dan alleen, zonder baas?' vroeg Alfa.
'Ik ben elektromonteur en installateur, van computers en zo.'
'Die hebben we net nodig!' riep Ruben direct. 'Voor de aansluiting van Barrem...' Hij sloeg een hand voor zijn mond. 'Ik bedoel, eh, ik bedoel...'
Nina zag de geschrokken blik van Ruben. Hij had bijna verklapt dat ze iemand wilden helpen! Ze ritste snel haar tas open. 'Hij bedoelt dat deze autoradio kapot is en u die misschien wel kunt maken!'
Ruben keek Nina opgelucht aan.
Zalmai pakte de radio aan van Nina. 'Wat is er mis mee?'
'Hij doet het gewoon niet meer,' zei Nina. 'Niks meer.'
'Mag ik hem openmaken?' vroeg de vader van Noria.
Nina knikte. 'Tuurlijk.'
Hij liep naar de kast en pakte uit een trommel een schroevendraaier. Hij haalde de achterkant van de autoradio eraf. 'Het is net alsof iemand heel hard op de radio heeft gedrukt. Alle knopjes zitten vast,' zei hij, terwijl hij het ding voor zijn neus hield.
'Ehm, ja, zoiets is ook gebeurd,' zei Nina. 'Per ongeluk.'

Zalmai was een paar minuten bezig met de draadjes en knopjes in de radio en toen schroefde hij hem weer dicht. 'Volgens mij doet-ie het weer.'
'U moet bij Ali werken!' zei Alfa. 'Hij zet heel goede koffie!'
'Ali?' Zalmai keek haar niet-begrijpend aan. 'Koffie?'
'We waren net bij autogarageklusbedrijf De Winter,' leg-

de Alfa uit. 'En de eigenaar, Ali, kon de radio niet maken. Hij zei dat hij niks kon met elektrische dingen.'
'Hm,' zei Zalmai. 'Interessant.'
'We gaan maar weer eens,' zei Nina. Ze glimlachte naar Noria, die haar knuffelkonijn nog steeds vastgeklemd had in haar hand.
'Dank jullie wel,' zei Noria.
'Geen dank joh,' zei Ruben.
'Dag lieve Noria,' zei Alfa.
'En bedankt voor de radio, meneer!' riep Nina.

Smile!

‘Morgenmiddag,’ zei Alfa en ze keek enorm tevreden. ‘Dan komt mijn oom de computer brengen. Hij ligt toch maar in de kast, zei hij.’

Alfa, Nina en Ruben zaten op Rubens kamer. Ze waren direct na school gekomen en hadden nog wat tijd voordat de vergadering bij mevrouw Vis begon.

‘Is het gelukt? Wat goed!’ riep Nina. ‘Voor niks?’

Alfa knikte. ‘Ik moest alleen wel een halfuur luisteren naar hoe goed zijn nieuwe was. Dat-ie zo snel opstart en nooit vastloopt en honderd miljoen gigabyte heeft.’

‘Dat kan niet,’ zei Ruben. Hij zag een beetje witjes.

Alfa keek hem glimlachend aan. ‘Dat weet ik wel, het was een grapje.’

‘Maar vindt hij het niet erg als je hem weggeeft dan?’ vroeg Nina.

‘Dat weet-ie. Niet van het Ministerie natuurlijk, maar wel

dat ik hem wil weggeven. Aan een kansarm kind heb ik gezegd. Mooi hè.'

Nina knikte. 'Supermooi.' Ze moest even denken aan Noria. Niet dat die kansarm was, maar het was wel een kind. Ze wilde Barremans graag helpen en daarna wilde ze heel graag Noria's problemen oplossen. Hoe zouden ze ervoor kunnen zorgen dat ze weer buiten ging spelen?

Alfa vertelde verder over de computer van haar oom. 'Bovendien is mijn oom zo verliefd op die nieuwe, dat de ouwe hem niks meer doet.' Ze pakte haar telefoon. 'Kijk, nadat we ophingen stuurde hij me zelfs nog foto's.' Ze liet drie foto's zien van een witte, glanzend nieuwe laptop. 'Dus heb ik hem gezegd dat hij inderdaad prachtig is.'

'Wat is er, Ruben?' vroeg Nina. ' Ben je niet blij dat we een gratis laptop hebben?'

'Jawel,' zei Ruben. 'Maar we hebben ook een probleem. Kijk.' Hij stond op en liep naar het raam. Nina en Alfa volgden hem en zagen het probleem meteen. Ze stond aan de overkant van de straat met Jasmin en een man met een lange, zwarte jas. 'Sophia!' siste Alfa. 'Daarom was je zo stil, Ruben. Wat doet die hier?'

'Is dat haar vader?' vroeg Nina. 'Waarom zou ze die meenemen?'

Ruben haalde zijn schouders op.

'Ze heeft een nieuwe jas,' zei Alfa. 'En een glimmende zonnebril op haar hoofd en nieuwe laarsjes, moet je kijken, helemaal vers bruin.'

'Ik ga naar haar toe,' zei Nina.

'Nee!' Ruben sloeg zijn handen voor zijn gezicht. 'Nee!'

Maar dit keer luisterde Nina niet. 'Ik ga vragen wat ze hier doet.' Ze pakte haar jas en deed de deur naar de trap open.
'Ik ga mee!' zei Alfa.
'Ik niet,' zei Ruben. 'Als ik erbij ben, scheldt ze me alleen maar uit. Ik ga vast naar mevrouw Vis.'

Zodra Nina de straat overstak, liep de man met de zwarte jas weg. Sophia begon te zingen. 'Het is Rubens liefje, lalala. Rubens grote liefje en het meisje met het rare haar.'
'Wat een stom liedje,' zei Nina. 'Het rijmt niet eens.'
'Ik ben dan ook geen zanger,' zei Sophia. 'Zoals jullie vriend Roving Tom.'
Nina slikte even. Hun vriend? Wat had Sophia ontdekt? Ze keek naast zich naar Alfa, die zenuwachtig aan een van haar vlechtjes draaide.
Nina keek Sophia recht aan. 'Wat doe je hier? Het is een rare plek om na school rond te hangen. Wie was die man?'
'Die kende ik ook niet,' zei Sophia. 'Wat doen júllie hier?'
Alfa schudde haar hoofd. 'Welles, die man ken je wel. Hij stond ook al naast je bij het optreden van Roving Tom.'
Nina keek haar vriendin aan. 'En dat zeg je nu pas!'
Alfa haalde verontschuldigend haar schouders op. 'Ik herkende hem pas toen ik hem zag weglopen.' Maar Nina was al weggesprint.
'Waar ga je heen?' riep Sophia haar achterna. 'Je mag hem niet volgen, dat zegt hij altijd!'
Nina sprintte de straat uit. Ze rende de bocht om en zag verderop nog net een stukje zwarte jas de volgende hoek om verdwijnen. Ze twijfelde even, draaide zich om en rende precies de andere kant op. Voor het eerst in haar leven

baalde ze van haar laarzen. Ze bonkten tegen de stoeptegels en leken haar tegen te houden. Gympies had ze nu nodig! Ze rende de bocht om en bleef rennen, nog ietsjes harder dan net. Ze sprong over een stepje heen dat op de stoep lag en voelde de laars van haar linkervoet glijden. Op één rode laars en één gele sok slalomde ze langs twee stilstaande auto's. Nog een bocht om en in de verte zag ze de zwarte jas om de hoek tevoorschijn komen. Ze dook achter een auto en wachtte. Buiten adem keek ze door het achterraam van de auto en zag de man steeds dichterbij komen. Toen hij een paar meter van haar af was, sprong Nina achter de auto vandaan.
'Wat doet u bij Sophia?' vroeg ze. Ze keek hem aan. Hij had zware wenkbrauwen en een grote neus. Hij keek verbaasd naar Nina. '*Excuse me?*' Hij schudde zijn hoofd en glimlachte even geamuseerd. Toen pas zag Nina de glinstering bij zijn kraag. Een broche van een glimmend, zilveren zwaard. 'Een Zilverman,' fluisterde ze geschrokken. Toen draaide de man zich om en rende hij met grote stappen weg.

Terwijl ze terug liep, probeerde Nina de storm uit haar hoofd te jagen. Ze vond haar laars en hield hem in haar hand. Ze wilde eigenlijk aan Sophia vragen of ze wel wist met wie ze omging, maar dat kon niet. Als ze zou vertellen over de Zilvermannen, zou ze toegeven dat ze iets over het Ministerie wist. Dus ademde ze nog een paar keer goed in en uit en liep zo nonchalant mogelijk de straat in. Alfa stond nog altijd tegenover Sophia. Ze keek opgelucht naar Nina. Die ging naast haar vriendin staan. 'We hou-

den in de gaten wat jullie van plan zijn met die oude heks van nummer twintig,' hoorde ze Sophia zeggen. 'Dat huis waar Ruubje net naar binnen verdween.'
'Smile,' zei Jasmin en maakte met haar mobiel een foto van Nina. 'Je bent helemaal rood van het rennen,' zei ze. 'Dat staat echt supergek. En je hebt je laars in je hand. Ja hoor.'
'Wat een glinsterende telefoon,' zei Nina droogjes. 'Lekker dun, glanzend schermpje, perfect bloemenhoesje. Lijkt me best duur.' Ze glimlachte net zo poeslief naar Sophia als Sophia kon glimlachen. Een grote, zoete lach waar ze helemaal niks van meende. Toen stopte ze met lachen en keek streng naar Jasmin. 'Heb je soms geld gekregen van iemand?'
Jasmin werd rood en stopte haar telefoon snel in haar jaszak. 'Gaat je niks aan,' mompelde ze.
'Ik weet genoeg,' zei Nina. 'Kom, Alf, we gaan weer naar binnen.'
'Ik wil eerst weten wat die tutten hier doen,' zei Alfa. 'Ze zeggen dat ze het een mooie hangplek vinden.'
Nina zuchtte diep. 'Ik weet heel goed wat die tutten hier doen. Geloof me, we moeten gaan.' Ze draaide zich om en liep zonder nog om te kijken naar het huis van mevrouw Vis.

Toen ze weer aan tafel zaten bij mevrouw Vis, was iedereen onder de indruk.
'Weet je het zeker?' vroeg Ruben.
Nina knikte. 'Ja, hier.' Ze wees op de kraag van Rubens blouse.

'Ongelofelijk,' zei mevrouw Vis. 'Ze hebben gewoon een Zilverman vanuit Engeland op ons afgestuurd. Ongelofelijk.'
'En Sophia werkt met hem samen?' vroeg Alfa.
'Yep,' zei Nina. 'En Jasmin ook en misschien al die meiden wel. Hij geeft ze geld, dat weet ik zeker. Heb je die kleren van Sophia gezien? Die zonnebril op haar hoofd? En die telefoon van Jasmin?'
'Dat deden ze vaak,' zei mevrouw Vis. 'Ze doen het vuile werk niet zelf, ze betalen anderen om het te doen.'
'Ze hebben toch geld genoeg,' zei Alfa.
Mevrouw Vis knikte. 'Dat ik na al die jaren toch weer een Zilverman voor mijn deur heb,' zei ze.
'Betekent dit dat Sophia weet over het Ministerie?' vroeg Nina.
Mevrouw Vis schudde krachtig haar hoofd. 'Nee, dat gelukkig niet. De Zilvermannen doen net zo geheimzinnig als wij. Ze willen niet dat andere mensen ook achter het oliegeld van Silver aangaan. Ze peuteren informatie los en helpen anderen om ons werk te ontmaskeren.'
'Waarom stappen ze niet gewoon naar het journaal?' vroeg Alfa. 'Dan zijn we niet meer anoniem en kunnen we geen ministerie worden.'
'Dat hebben ze zo vaak geprobeerd,' zei mevrouw Vis. 'Niemand gelooft dat er een geheim ministerie bestaat. Dan moet je echt zo veel bewijs hebben en zolang wij geen fouten maken, hebben ze dat niet.'
Nina kneep haar ogen tot spleetjes. 'Dus ze zorgen ervoor dat Sophia ons ontmaskert zonder dat ze weet waar het over gaat?'

'Precies,' zei mevrouw Vis. 'Ze zullen hun best doen om een nieuw ministerie in Nederland tegen te houden. Waarschijnlijk balen ze ontzettend dat er na al die jaren weer opgelost wordt.' Mevrouw Vis kreeg een klein, trots lachje om haar mond.
'Moeten we nu stoppen?' vroeg Alfa.
'Nee man!' zei Nina. 'We moeten alleen supervoorzichtig zijn.'
'Dat zeker,' zei mevrouw Vis. 'Maar we laten ons niet bang maken door een Zilvermannetje.'

Alfa vertelde mevrouw Vis over de computer van haar oom en mevrouw Vis was onder de indruk.
'Wat voor computer is het?' vroeg ze.
'Gewoon een zwarte laptop,' zei Alfa. 'Goed genoeg voor internet en om op te schrijven en om foto's op te slaan. Mijn oom zei dat je hem alleen niet kunt gebruiken voor de nieuwste games. Da's niet zo erg, toch?'
'Terwijl die juist zo leuk zijn op zeeroverhenk.nl,' zei Nina.
'Dat is webbased, dat kan wel,' zei Ruben. Hij keek de anderen aan. 'O wacht, jullie maakten een grapje. Sorry, ik was nog een beetje bezig met de Zilverman. En met die stomme Sophia.'
'Laat haar toch,' zei mevrouw Vis. 'Je hele leven zullen er types zoals Sophia zijn. Je moet je er echt niet te veel van aantrekken.'
Ruben zuchtte. 'Mijn hele leven?'
'Misschien niet zo erg als Sophia, maar wel stom,' zei mevrouw Vis. 'Gelukkig zijn er ook heel veel leuke mensen.'

‘We hebben gisteren leuke mensen ontmoet,’ zei Ruben en hij ging rechtop zitten op zijn stoel. ‘Noria en haar vader.’
‘Noria?’ vroeg mevrouw Vis. ‘Dat meisje dat door Sophia wordt gepest?’
‘We hadden haar tas eh, gevonden,’ zei Nina. ‘En toen we die terugbrachten, mochten we binnenkomen en hebben we heel veel over haar geleerd.’
‘Wat goed,’ zei mevrouw Vis. ‘Precies zoals het plan was. Eerst Barremans, dan Noria. Jullie zijn goed, hoor!’
Nina, Alfa en Ruben moesten er alle drie van blozen.
‘De vader van Noria is computerinstallateur,’ zei Ruben. ‘Die hebben we net nodig voor Barremans.’
‘Dat is handig,’ zei mevrouw Vis. ‘En het meisje zelf, kunnen we haar problemen oplossen?’
‘Nee,’ zei Nina meteen. Ruben en Alfa keken haar verbaasd aan. ‘Nou ja, niet echt. Toch?’
Alfa snapte het. ‘Nee, niet echt.’
‘Noria’s moeder is dood,’ zei Nina. ‘En daarom komt Noria nooit meer buiten en speelt ze niet meer en zit ze maar op de bank met een knuffeltje dat naar haar moeder ruikt.’
‘Ocharme,’ zei mevrouw Vis.
‘En dat kunnen we niet oplossen,’ zei Nina.
Alfa trok aan een vlechtje. ‘We kunnen haar moeder niet terugbrengen, maar we kunnen Noria misschien wel opvrolijken.’
‘Hoe dan?’ vroeg Ruben.
‘We kunnen vrienden voor haar vinden?’ vroeg Alfa. ‘Of familie. Een adoptie-oma. Mevrouw Vis! Wilt u met een klein, Afghaans meisje spelen?’

Mevrouw Vis glimlachte en schudde langzaam haar hoofd. 'Dat kan niet. Ik maak onderdeel uit van het Ministerie, ik kan niet zelf inspringen.'
'Hebt u dan geen vrienden die een extra kleinkind willen?' vroeg Alfa.
'Barremans!' riep Nina en toen: 'Au!' want ze was enthousiast opgesprongen en stootte haar knieën keihard aan de tafel. 'Barremans,' herhaalde ze nu rustiger terwijl ze over haar knieën wreef. 'Die heeft ook weinig mensen om zich heen. Als Noria het kleinkind wordt van Barremans, dan zijn ze allebei gelukkiger!'
'Ja, maar zo snel kunnen we dat toch niet regelen,' zei Alfa. 'Misschien is Barremans wel helemaal niet aardig voor kinderen.'
'Zalmai zou er toch bij zijn,' zei Nina. 'Ze hoeft niet opeens bij Barremans te wonen. Gewoon, op bezoek en dat ze daar dan allebei van opvrolijken.'
'We noemden dat een klapper, vroeger bij het Ministerie,' zei mevrouw Vis nadenkend. 'Twee zaken in één klap. Maar klappers zijn ingewikkeld. Er zitten altijd veel onzekere factoren bij en je weet niet hoe het uitpakt.'
'We kunnen het toch proberen,' zei Ruben. 'We kunnen de vader van Noria inhuren om het internet aan te sluiten bij Barremans en dan moeten we een reden bedenken dat hij Noria meeneemt.'
'Maar Noria gaat niet graag naar buiten,' zei Alfa. 'Dat is het hele probleem. Waarom zou ze zomaar meegaan met haar vaders werk? En ze moet gewoon naar school.'
Mevrouw Vis knikte. 'Haar vader kan in ieder geval het internet regelen voor Barremans. Dan hebben we die zaak

straks afgerond en kunnen we ons daarna buigen over die kleine Noria.'

'Ruben, kun jij het nummer van haar vader te pakken krijgen?' vroeg Nina.

Ruben knikte. 'Dat moet wel lukken.'

'Dan gaan wij morgen na school naar Barremans om hem een laptop te laten winnen.' Nina wreef in haar handen. Ze was de Zilverman alweer een beetje vergeten.

Gewonnen

Alfa had een Mexicaanse hoed op en een dunne snor met krullende puntjes opgeplakt. Nina droeg een veel te grote doktersjas en enorme hakschoenen. Het was woensdagmiddag en ze waren op de zolder van mevrouw Vis.

'Klaar!' zei Nina en ze giechelde.

Je moet geen gekke kostuums aandoen, had mevrouw Vis gezegd. Dan val je juist op. Ze had verteld dat het beter was om kleren te dragen die je normaal nooit droeg en om in je gezicht een paar kleine veranderingen aan te brengen, dan voelde je je anders en gedroeg je je ook zo. Maar voordat ze daaraan toe waren, wilden Nina en Alfa alle kledingstukken uit de grote kist op zolder uitproberen. De maskers en de hoedjes en de jassen. Ruben zat ondertussen op de grond achter zijn laptop. Hij had het nummer van Noria's vader heel makkelijk gevonden, want hij had een eigen website. *Zalmai Abdul, installeert een heleboel.*

‘Ik durf geloof ik niet te bellen,’ zei hij. ‘Wat nou als hij me herkent?’

‘Daar is dat ding toch voor!’ zei Nina.

Naast Ruben lag een klein, zwart apparaatje dat van het Ministerie was geweest. Het paste op de onderkant van de hoorn van een ouderwetse telefoon en als je erin praatte, veranderde het apparaatje je stem. In de woonkamer van mevrouw Vis stond een telefoon die ze daarvoor konden gebruiken, grijs met een draaischijf met gaatjes waar je vingers in konden om het nummer te draaien.

‘Zullen we oefenen?’ vroeg Ruben.

Alfa haalde haar mobieltje uit haar zak. ‘Bel mij maar.’

Ruben pakte de stemvervormer, stond op, en ging naar beneden.

Alfa deed de Mexicaanse hoed af en keek in het ronde spiegeltje dat tegen een kast hing. ‘Ik moet mijn haar los doen,’ zei ze. ‘Dat heb ik nooit, dan zie ik er meteen heel anders uit.’

Ze zouden die middag naar meneer Barremans gaan. Met de laptop en een zogenaamd lootje.

Nina deed de doktersjas uit en stapte uit de hoge hakken. ‘Ik doe dit aan.’ Ze hield een gele jurk met bloemetjes voor zich. ‘Ik heb sinds ik vier was geen jurken meer aangehad. En dan slippers en twee vlechtjes.’ De kleren van het Ministerie hadden overal klittenband en elastische stukjes stof, zodat bijna iedereen ze paste.

‘Ik doe dit aan.’ Alfa had een zwarte trui gepakt en een zwarte spijkerbroek. ‘Want normaal draag ik altijd kleuren.’

Alfa’s mobiel ging af. Onbekend nummer, stond er in haar

scherm. 'Hallo?' zei ze en ze drukte op speaker zodat Nina mee kon luisteren.
'Goedemiddag,' zei een krakerige mannenstem. 'Kunt u maandagmiddag een computer aansluiten?'
'Eh,' zei Alfa. Ze wist wel dat het Ruben was, maar hij klonk zo anders dat ze toch twijfelde. 'De computer is een laptop,' zei de stem. 'U moet zorgen dat het internet het doet.'
'Oké,' zei Alfa.
'En misschien kunt u de meneer van wie de laptop is ook laten zien hoe hij zijn vrienden online kan vinden want hij is oud en hij weet dat niet. Nou, da-hag.'
'Zo!' zei Alfa tegen Nina. 'Hij was echt onherkenbaar.' Ze begon haar vlechtjes los te maken met haar vingers. 'Nou wij nog.'

Toen Alfa en Nina zichzelf een uur later in de spiegel beneden in de gang zagen, waren ze twee andere meisjes. Dames bijna. Alfa droeg zwarte kleren, ze had een wilde bos krullen en een klein, zilveren brilletje op haar neus. Nina droeg de gele jurk met bloemetjes en had twee nette vlechten in. Ze had met een oogpotlood haar wenkbrauwen iets donkerder gemaakt, waardoor haar hele gezicht veranderde.
'We hebben ook andere namen nodig,' zei Alfa. 'Ik heet nu Daphne.'
'Oké,' zei Nina. 'Dan ben ik Ramona.'
'Zijn jullie er klaar voor?' vroeg mevrouw Vis vanuit de woonkamer.
'Ja!' zeiden Nina en Alfa in koor.

‘Wacht even,’ zei Ruben. Hij liep naar de woonkamer en tilde het gordijn voor het raam een klein stukje op. ‘Zie je wel. Ze staan er.’
‘Sophia?’ vroeg Nina, die de kamer in kwam lopen.
Ruben knikte.
‘Jullie kunnen beter achterom,’ zei mevrouw Vis. ‘Ze mogen jullie nu echt niet volgen.’
‘Maar onze fietsen staan voor Rubens huis,’ zei Alfa.
‘We lopen wel,’ zei Nina en ze hing de tas met de laptop van Alfa’s oom boos over haar schouder. ‘Etters. Mogen we ze nou echt niet terugpakken?’
Mevrouw Vis schudde haar hoofd. ‘Dat weet je best. Neem maar wraak door meneer Barremans te verrassen.’
‘Oké,’ zei Nina met een zucht.
‘Kom op, Ramona,’ zei Alfa. ‘Dit is gaaf. Kijk ons nou!’
Nina keek naar haar vriendin, die eruit zag als een filmster en glimlachte. ‘Daar gaan we, Daphne, operatie Barremans!’

De tuin van mevrouw Vis stond vol wilde bloemen en brandnetels, waartussen een dun grindpaadje liep. Achterin stond een schuurtje van donkerbruin hout, daarnaast zat een gammele deur in de houten schutting, die uitkwam op de straat. Het was vijftien minuten lopen van mevrouw Vis naar het kanaal: de woonwijk uit, door het park en naar het water. De zon scheen, maar door de wind had Nina het toch een beetje koud in haar gele zomerjurk.
‘Nee, niemand,’ stelde Alfa elke minuut vast. Ze keek de hele tijd achterom over haar schouder. Ze dook één keer achter een boom en trok Nina mee omdat er een auto veel te hard door de straat gierde. Maar er zat een oude dame

achter het stuur, geen Zilverman. Langs het kanaal was de bloesem aan het bloeien. Kleine, witte bloemetjes aan de bomen langs de waterkant. Het zag er vrolijk uit. 'Ik wil ook wel op een woonboot wonen,' verzuchtte Alfa. 'Al kan hij altijd losraken van de wal en 's nachts wegdrijven natuurlijk. Dat je wakker wordt midden op zee, zonder drinkwater.'
Nina keek lachend naar haar vriendin. 'Ja, dat kan natuurlijk.'

Toen ze bij de boot van meneer Barremans aankwamen, bonkte Nina's hart in haar keel. Alfa bleef stokstijf staan, twee meter voor de voordeur. 'Misschien is-ie wel niet thuis,' zei ze. 'Of misschien heeft hij wel een hekel aan computers. Of misschien heeft hij al een computer. Waarom hebben we daar niet eerder aan gedacht?'
'Kom op,' zei Nina. 'We zijn nu zo dichtbij. Als hij er al een heeft, dan zegt hij dat en dan maken we een nieuw plan.' Het water rimpelde elke keer dat de wind opstak. De boot van Barremans deinde zachtjes op de golven. Nina zette een grote stap en belde aan bij de blauwe deur. Het bleef lang stil, toen hoorden ze het 'bonk, bonk' van het houten been. Er werd aan het slot gemorreld en de deur ging een klein stukje open.
'Ja?' zei meneer Barremans. Hij droeg weer een blauwe pet, eronderuit staken grijze haren.
Nina slikte even. Zou hij ze herkennen? 'Wij eh, we zijn Daphne en Ramona van de buurtloterij, meneer.' Haar stem was wat netter dan normaal, en wat lager.
'De buurtloterij?' antwoordde meneer Barremans en hij

trok zijn wenkbrauwen nadenkend op. 'Ik wil helemaal niet meedoen met een loterij.' Onder het steigertje waar ze op stonden, klotste het water tegen de planken.
'Iedereen in de buurt doet automatisch mee,' zei Alfa en ze hield het lootje dat ze thuis had gemaakt voor zich uit. Nummer 139. 'U kunt een computer winnen. Een laptop.' Nina klopte op de laptoptas die over haar schouder bungelde. 'Deze.'
Barremans keek van Alfa naar de laptop en weer terug zonder het lootje aan te pakken. Alfa probeerde zo rustig mogelijk te blijven. 'Het is ehm, een zwarte laptop. Hij doet het heel goed, alleen niet voor gamen.'
'Wat moet ik nou met een computer?' vroeg Barremans.
'U wint ook iemand die het internet voor u installeert en die u een beetje helpt,' zei Nina. 'Als u toevallig wint, bedoel ik.'
'En het kost me niks?'
'Nee, helemaal niks,' zei Alfa.
'Ach ja, kom maar op dan.' Meneer Barremans haalde zijn schouders op en pakte eindelijk het lootje aan. 'Nummer 139, het zal me benieuwen. Wanneer is de uitslag?'
'O, al bijna,' zei Nina. 'Strakjes.'
'Goed, we zullen zien,' zei meneer Barremans. 'Dag hoor, kinderen.' En hij deed de deur dicht.

Nina en Alfa liepen zonder iets te zeggen een stukje langs het water. Er kwam een groot schip langs vol gekleurde containers.
'En nu?' Alfa zette haar brilletje recht terwijl ze naar het schip keek.

'Even wachten?' zei Nina. 'Anders staat het zo gek.'
Ze gingen op een bankje aan het water zitten en belden Ruben om te vertellen dat Barremans het lootje had aangenomen en dat de vader van Noria dus aan de slag kon. Ruben belde tien minuten later terug. Hij had Zalmai gebeld, met de stemvervormer, en die zou vrijdag om twee uur komen voor het internet.
'Ik heb gezegd dat het ging om een oude man die wat hulp moest hebben om vrienden en familie in het buitenland te vinden online,' vertelde Ruben. 'Toen zei de vader van Noria dat hij hem zou helpen, omdat hij ook veel vrienden in het buitenland heeft.'
'Perfect,' zei Nina.
'Ik wil erbij zijn vrijdag, wanneer ze elkaar ontmoeten,' zei Ruben. 'Maar dat kan niet.'
'Jammer hè,' zei Nina. Ze hing op en gaf de telefoon terug aan Alfa.
'Wat is jammer?' vroeg Alfa.
'Dat we er niet bij kunnen zijn wanneer meneer Barremans en de vader van Noria elkaar ontmoeten.'
'Superjammer,' zei Alfa. 'Al kunnen we misschien met duikpakken het water in en dan via de wc inbreken en ons verstoppen in een kast.'
'Dat is waar,' zei Nina. 'Makkie.'

Twintig minuten lang zaten ze op het bankje, met de zon in hun rug, en keken naar de schepen die af en aan voeren. Toen vonden ze het tijd om terug te gaan naar meneer Barremans. Nu droeg Alfa de laptop; hij was van haar oom geweest, dus zij mocht hem weggeven.

Nina klopte op de deur van de woonboot, dat vond ze vriendelijker dan weer aanbellen. Ze haalde even heel diep adem toen ze de houten 'bonk, bonk' dichterbij hoorde komen. Ze moest denken aan de lading kisten die op zijn been was gevallen.

'O, daar zijn jullie weer,' zei meneer Barremans toen hij de deur een stukje open had gedaan. 'Ik heb zeker niets gewonnen, hè?'

Nina en Alfa keken elkaar even aan.

'Jawel,' zei Alfa. 'Het winnende lootje is nummer 139!' Ze wachtte even om te kijken hoe meneer Barremans zou reageren, maar hij bleef haar afwachtend aankijken.

'Dat bent u, meneer!' riep Nina. 'U hebt de laptop gewonnen!'

'Hij is wel tweedehands hoor,' zei Alfa, maar meneer Barremans luisterde al niet meer.

'O, wat leuk!' riep hij met grote ogen. 'O, wat leuk! En ik heb nog nooit iets gewonnen!' Hij deed zijn pet af en wreef met zijn hand over zijn hoofd. 'Wat een verrassing.'

Alfa liet de laptoptas van haar schouders glijden en gaf hem aan meneer Barremans.

'Alstublieft!'

'Vrijdagmiddag om twee uur komt er iemand om het internet in orde te maken,' zei Nina.

'O, jee,' zei Barremans. 'Ik weet niet of ik daar wel wat aan heb.'

'Misschien wel,' zei Nina. 'Ik hoop van wel.'

Meneer Barremans zette de laptop op de grond, strekte zijn arm uit en gaf eerst Alfa en toen Nina een hand. 'Dank jullie wel, meiden.' Toen deed hij glunderend de deur dicht.

Op een website

Het werd donderdag. En vrijdag. Toen was het weekend en al die tijd wisten Nina, Alfa en Ruben niet of het gelukt was met Barremans en het internet. Ze konden het hem niet vragen en ze konden Noria niet vragen of ze misschien mee was geweest naar een oude man op een woonboot.

'Wat moet je veel geduld hebben als je bij het Ministerie wilt werken,' zei Nina tegen Alfa toen ze zaterdagochtend samen boodschappen deden voor Alfa's moeder.

'Morgen gaan we weer langs,' zei Alfa en ze pakte een beker kwark uit het schap. Ze keek even achterom. Ze had er inmiddels een gewoonte van gemaakt af en toe over haar schouder te kijken, op zoek naar Zilvermannen of Sophia.

Zondagmiddag zouden ze hun verkleedkleren weer aandoen en als Daphne en Ramona aanbellen bij Barremans

om te vragen of de laptop was bevallen. Als dat allemaal gelukt was, zouden ze een plan bedenken voor Noria.
'Alles is zo gewoon,' klaagde Nina terwijl ze het karretje voortduwde met haar borstkas.
'Ik probeer er niet de hele tijd aan te denken,' zei Alfa en ze mikte een zak macaroni in de kar. 'Ik ook niet,' zei Nina. Niet aan Barremans of aan Noria, niet aan de Zilvermannen en al helemaal niet aan het feit dat ze misschien wel bijna het officiële Ministerie van Oplossingen zouden kunnen zijn.

Alfa's telefoon ging. Ze slingerde met haar fiets terwijl ze opnam, de boodschappentas kwam bijna tussen de spaken. 'Huh?' zei ze. 'Rustig maar. Wacht even.' Ze gebaarde naar Nina dat ze moest afstappen en samen reden ze naar de kant van de weg. 'Wát zei ze precies? Hm. Ja. Hm. O, jee.' Alfa keek heel bezorgd en Nina wilde de telefoon bijna uit haar handen grijpen. 'Wat is er, Alf? Wat is er aan de hand?' Alfa hing op en blies lucht in haar wangen die ze er langzaam weer uit liet lopen. 'Het was Ruben,' zei ze. 'Er is iets met Sophia. Ze heeft foto's van hem, van ons, die ze aan iedereen gaat laten zien, zegt ze.'
'Wat voor foto's?' vroeg Nina.
'Deze in ieder geval,' Alfa gaf haar telefoon aan Nina zodat die de foto kon zien die Ruben net had opgestuurd. Het waren Alfa en Ruben en zijzelf voor de deur van Barremans.
'Shit,' zei Nina.
'Ruben is bij het muurtje aan de Lindelaan. Daar zou Sophia hem ontmoeten. Kom, we moeten opschieten.'

'Oké,' zei Nina. Voordat ze de telefoon aan Alfa teruggaf, viel haar oog op een smsje. 'Hé, wat is dat?'
'Geen idee,' zei Alfa. 'Kreeg ik gisteren. Ik ken de afzender niet.'
'2421CH97,' las Nina op. 'Wat stond erin?'
'Niks,' zei Alfa. 'Tenminste, niks logisch. 2 stond er alleen.'
'Ik heb dat nummer met die letters eerder gezien ergens. Wacht.' Nina zocht in haar jaszak naar een pen om het op te schrijven.
'Nien! Niet nu!' riep Alfa. 'Ruben wordt misschien wel opgesloten door die meiden, hij is in gevaar! Misschien pakken de Zilvermannen hem wel!'
Nina knikte en stapte op haar fiets. Ze fietsten zo hard als ze konden.

Al vanaf een afstand zagen ze Sophia. Ze zat boven op de muur, waar geen hek meer omheen stond, haar bruine krullen bewogen mee met de wind. Ze had haar nieuwe jas weer aan, dit keer samen met fonkelnieuwe gympen. Nina smeet haar fiets op de grond en rende naar Ruben toe, die onder aan de muur stond, naast Jasmin.
'Gaat het?' vroeg Nina.
Ruben knikte. 'Ik heb alleen geen zin in wat het ook is dat ze nu weer bedacht heeft.'
'Ik denk dat ik mijn evenwicht verlies!' riep Sophia naar beneden. 'Als er twee keer iemand van de muur valt, dan zullen ze hem toch wel slopen?' Ze lachte er vals bij.
'Doe normaal,' riep Nina. 'Je had die eerste keer al niks, dus als het nog een keer gebeurt, gelooft niemand je.'

Sophia lachte. 'Iedereen gelooft me altijd. Maar deze lelijke muur kan me echt niks schelen, ik heb grotere plannen.'

'Dat is fijn voor je,' zei Nina. 'Maar wij gaan nu weer. Kom, Ruben.'

'Wacht nou even,' zei Sophia snel. 'We hebben een verassing voor jullie. Jasmin?'

Jasmin hield haar nieuwe telefoon zo voor zich uit dat Alfa, Nina en Ruben op het schermpje de foto konden zien van hen drie, voor de boot van Barremans.

'Mooi hè,' zei ze.

'Prachtig,' zei Nina.

'Vind je het niet gek dat we die foto hebben?' vroeg Sophia terwijl ze van de muur af klom.

'We wisten al dat jullie daar waren,' zei Nina. 'Want jullie hebben onze banden lek gestoken.'

'En dit.' Jasmin veegde over haar scherm en er verscheen een foto van Nina voor het huis van Ruben. 'En deze,' Jasmin veegde verder. Een foto van Alfa en Ruben bij het concert op de muur van Roving Tom. Eentje van Barremans in de deuropening. Een van Nina die het huis van Mevrouw Vis binnen liep. Een van Ruben in de klas.

Nina schudde geïrriteerd haar hoofd. 'Waarom zou je zo veel foto's van ons maken?'

Sophia antwoorde niet, maar sprong het laatste stukje van de muur af en wandelde naar Jasmin toe. Ze keek tevreden naar het schermpje. 'De mooiste hebben we voor het laatst bewaard!'

Op de telefoon van Jasmin verscheen een foto van een oudere man voor het raam.

'Opa!' riep Nina geschrokken. 'Jullie hebben een foto van mijn opa?! Zijn jullie gek geworden?' Haar stem bibberde een beetje.
Sophia lachte alleen maar. 'Schattige oude heer. Leuk huis ook.'
'Je bent naar het huis van Nina's opa gegaan?' Alfa schudde haar hoofd zo hard dat haar vlechtjes van links naar rechts vlogen.
'We hebben hem wat vragen gesteld, over vroeger. Wat vreselijk, dat hij zo ziek is geweest.' Sophia keek Nina aan. 'Gelukkig werd hij weer beter.'
Nina ademde even diep in en uit.
'Wat weet je ov...' begon Ruben. Hij was vuurrood en stond met gebalde vuisten naast Nina. Die strekte haar arm uit om hem een stukje naar achteren te duwen. 'Ssjt,' zei ze.
'Ssjt wat?' vroeg Sophia fel. 'Wat is er toch dat we niet mogen weten? Vertel nou!'
Nina voelde haar schouders ontspannen. Ze wisten nog steeds niks! De Zilvermannen hadden Sophia en haar vriendinnen dan wel naar haar opa gestuurd, die meiden hadden nog altijd geen idee waar het over ging; ze hadden alleen wat foto's.
'Oké, Sophia,' zei Nina. 'Dus iemand geeft je geld en in ruil daarvoor val je een oude man lastig. Het is maar wat je hobby's zijn.' Ze staarde even naar de flats aan de rand van het parkeerterrein, die waar ze hadden aangebeld op zoek naar een beroemde voetballer. Ze zag meneer Paltoen staan praten met een oude dame. Ze wilde even zwaaien, maar bedacht zich.

‘Waarom laat je ons dit zien?’ vroeg Ruben van achter Nina’s rug. ‘Het bewijst alleen dat je ons achtervolgt.’

‘Het bewijst dat jullie iets van plan zijn,’ riep Sophia. Ze schoof de zonnebril die boven op haar hoofd zat, naar haar neus. ‘Ik weet niet precies wat een man op een boot, je opa, een muurtje op een parkeerplaats en een oude, blinde vrouw met elkaar te maken hebben. Maar ik weet wel dat de informatie die ik heb en alle foto’s samen heel mooi op een site kunnen.’

Jasmin giechelde.

‘Alsof jij een site kunt bouwen,’ zei Ruben.

‘Ik niet, maar de broer van ons vriendinnetje Hadda is heel goed in websites maken,’ zei Sophia. ‘Hij heeft morgen tijd voor zijn kleine, lieve zusje. En ik heb toevallig álle adressen van íédereen op school.’

‘Hoe kom je daar nou weer aan?’ vroeg Ruben.

Sophia glimlachte. ‘Die stonden op de laptop van de juf, ik hoefde ze alleen te kopiëren.’

‘Dat was jij!’ riep Ruben. ‘En je gaf mij de schuld!’

‘De aanval is de beste verdediging,’ zei Sophia. Ze stond nu voor Rubens neus, boog zich naar hem toe en siste: ‘Vertel me nou maar wat jullie aan het doen zijn, Ruben Tannema!’

Ruben schudde zijn hoofd.

‘Vertel!’ schreeuwde Sophia. Er vlogen druppeltjes spuug uit haar mond die neerkwamen op Rubens wangen.

‘Nee,’ zei Ruben. ‘Nooit.’

Sophia zette een stap achteruit. Ze zag er gespannen uit. ‘Goed. Dan gaan we er een mooie site van maken.’

‘We hebben de naam al,’ zei Jasmin tevreden terwijl ze haar telefoon in haar jaszak liet glijden.

Sophia pakte haar fiets en haar vriendin deed hetzelfde. Terwijl ze wegreden, draaide Sophia zich om en riep: 'Ruubjesgeheim.nl, de site waarop iedereen kan zien wat stiekeme Ruubje uitspookt.'

Een halfuur later zaten Nina, Alfa en Ruben strijdbaar aan de eettafel van mevrouw Vis.
'Ik pak die telefoon af,' zei Alfa.
'Ik ga een website bouwen over hoe stom Sophia is,' zei Ruben. 'Met foto's en interviews met mensen die ze pest.'
'Ik ga met haar praten,' zei Nina. Maar ze schudde meteen haar hoofd. 'Nee, dat werkt toch niet.'
'Je kunt niet aan haar uitleggen waarom het zo belangrijk is,' zei mevrouw Vis. 'En je kunt haar niet vertellen waarom je er niks over kunt vertellen. Dat maakt het erg lastig. Ze weet niets over het Ministerie, dat moeten we vooral zo houden.'
'Ze weet ook niet dat we mensen proberen te helpen,' zei Alfa. 'Wat weet ze eigenlijk wél? Alleen dat we bij Barremans zijn geweest. Dat zegt niks.'
Maar Nina schudde haar hoofd. 'Ze weet dat we bij mensen langsgaan. En dat we iets te maken hebben met het muurtje. En dat mevrouw Vis erbij betrokken is. Zelfs dat mijn opa Leo er iets mee te maken heeft. '
'Maar we zijn nog steeds anoniem,' zei Alfa. 'Dus we kunnen gewoon doorgaan.'
Nu schudde Ruben zijn hoofd. 'Dat kan niet.'
'Waarom niet?' vroeg Alfa.
'Als ze al die dingen echt online zet, de foto's en alle informatie die Sophia heeft, dan zijn we veel te makkelijk te

vinden. Dan linkt ze ons aan Roving Tom en aan Barremans. Bovendien staan onze namen erbij. Het Internationale Genootschap vindt het nooit goed dat we een geheim ministerie heroprichten als onze namen online staan met een vaag verhaal erbij over het feit dat we langsgaan bij vreemde mensen.'

'Precies,' zei mevrouw Vis. 'Zeker niet nadat het Ministerie vorige keer is opgedoekt omdat mensen hun mond voorbij hadden gepraat.'

'Hmm,' zei Alfa. 'Dat is waar.'

Nina schoot overeind. 'Het Internationale Genootschap weet toch superveel en kan alles?'

'Niet alles,' zei mevrouw Vis. 'Maar wel erg veel.'

'Kunnen zij ons dan niet helpen door Sophia te stoppen?' Nina sprong van haar stoel, dit keer stootte ze zich niet. 'Het enige wat ze moeten doen, is die site tegenhouden. Ze halen toch ook altijd alles weg wat er over henzelf wordt geschreven? Als die foto's niet online staan, zijn het gewoon wat foto's op Jasmins telefoon, daar kunnen we wel tegen.'

'Nee.' Mevrouw Vis schudde haar hoofd. 'Dat kan echt niet.'

'O,' zei Nina en ze ging weer zitten. 'Waarom niet?'

'Het Internationale Genootschap helpt alleen ministeries die officieel zijn opgericht en aangesloten,' zei mevrouw Vis. 'Daar zijn ze heel streng in.'

'En wij zijn geen officieel ministerie, want we hebben maar twee zaken opgelost,' zei Nina.

'Precies,' zei mevrouw Vis. 'Tenminste, dat van die tweede weten we nog niet zeker. Meiden, maken jullie deze zaak nog wel af?'

‘Meneer Barremans!’ zei Nina. Ze was het even vergeten. ‘Morgen gaan we langs.’

‘Komen er dan niet meer foto’s?’ vroeg Alfa.

‘Nee,’ zei Nina beslist. ‘Wij gaan namelijk niet langs bij meneer Barremans. Daphne en Ramona gaan langs!’

Alfa lachte. ‘Dat is waar.’

‘Gaan we Noria niet verder helpen?’ vroeg Ruben.

‘We moeten nu even afwachten,’ zei mevrouw Vis. ‘Laten we maar hopen dat die meiden bluffen en dat er helemaal geen website komt. Maar totdat we dat zeker weten, lossen we even geen problemen meer op.’

Zomerberichten

De volgende middag wandelden Alfa en Nina weer langs het kanaal, verkleed als Daphne en Ramona. Ze waren opnieuw via de achtertuin van mevrouw Vis weggeslopen omdat Sophia, Hadda en Jasmin onder de grote kastanje aan de overkant van de straat stonden.

'Het heeft toch geen zin meer,' zei Alfa en ze keek over haar schouder.

'Maar ik wil weten of het gelukt is,' zei Nina. Ze keek ook even om. De straat was leeg, ze werden niet gevolgd. 'En ik wil ook weten hoe het met hem gaat. En of hij zijn zoon online heeft gevonden.'

Alfa knikte. 'Ik ook, hoor. Maar het voelt gewoon anders nu we geen ministerie meer kunnen worden.'

Nina slikte even. Dat vond zij ook.

Toen meneer Barremans de deur opendeed, herkende hij de meiden meteen. 'De computerdames!' zei hij opgewekt. Alfa en Nina keken elkaar aan, dat klonk goed. 'Jullie hebben een oude man zeer gelukkig gemaakt!'
Nina moest lachen. 'Dat was precies de bedoeling.'
Alfa keek haar verschrikt aan, maar meneer Barremans had niks door. 'Dus uw computer doet het?' vroeg ze.
Barremans knikte. 'Een vriendelijke jongeman heeft het internet aangesloten.'
'Kwam hij alleen?' vroeg Nina.
'Alleen?'
'Hij had geen, ehm, klein meisje bij zich of zo?'
'Nee,' zei Barremans. 'Nee hoor. Hij was razendsnel klaar en toen heeft hij me laten zien hoe je zwemt.'
'Zwemt?' vroeg Alfa.
'Vaart?' probeerde Barremans. 'Surft?'
Alfa knikte. 'Dat laatste.'
'En waar surft u naartoe dan, als ik vragen mag?' vroeg Nina.
'Ik kijk plaatjes van schepen waar ik op gevaren heb. En ik kijk of er berichten staan over mensen met wie ik op zee ben geweest. Erg leuk is dat.'
'En uw zo...' Nina stopte. Ze wilde vragen of hij al naar zijn zoon had gezocht, maar bedacht net op tijd dat Daphne en Ramona natuurlijk niks over zijn zoon wisten. 'En uw zo... ehm, zomerberichten?'
Barremans keek haar vragend aan. 'Mijn zomerberichten?'
'Ik bedoel, het weerbericht!' zei Nina. 'Dat u opzoekt of de zon gaat schijnen en zo.'
'Ah!' zei Barremans. 'Kun je dat ook opzoeken? Handig

hoor. Nou, ik doe het rustig aan met al die nieuwe mogelijkheden. Die aardige installateur zei dat ik hem mocht bellen als ik nog vragen had over het wereldwijde web. Dus misschien zal ik hem nog over de zomerberichten vragen.'

'Doet u dat maar,' zei Nina.

'Nou, dag hoor dames,' zei meneer Barremans.

'Da-hag!' zeiden Alfa en Nina in koor.

'Wat goed,' zei Alfa, terwijl ze terug wandelden naar het huis van mevrouw Vis. 'Hij surft!'

'Heel goed,' zei Nina. Ze speurde de oever van het kanaal af op zoek naar Sophia, maar zag gelukkig niemand. 'Jammer dat Noria niet mee was met haar vader. Ook wel logisch natuurlijk.'

'Zo gaat dat met klappers, dat zei mevrouw Vis toch,' zei Alfa. 'Je weet niet hoe het loopt.'

'Maar nu kunnen we haar niet meer helpen,' zei Nina. 'Dit was onze enige kans, als Sophia die site echt aan het maken is.' Ze voelde de wind opsteken in haar hoofd. 'Het is toch ongelofelijk dat die pestkop dit ook nog zou verpesten? Een heel ministerie tegenhouden!' Ze stond stil en zette haar handen in haar zij. 'Ik ga er een stokje voor steken.'

'Hoe dan?' vroeg Alfa.

'Ik ga naar haar toe.' Nina spuugde op haar duim en wreef de make-up uit haar wenkbrauwen.

Ze haalde de vlechtjes uit haar haar en zag er gelijk weer als Nina uit, maar dan in een jurk en zonder laarzen.

'En dan?' vroeg Alfa.

'Weet ik nog niet,' zei Nina, die steeds harder ging lopen. 'Ga je mee?'
Alfa knikte, deed haar brilletje af en bond haar haar in een staart, zodat ze er ook weer wat meer als Alfa uitzag. 'Gaan we haar eindelijk in elkaar slaan?'
Nina moest lachen. 'Dat denk ik niet. Misschien kunnen we de stomme zonnebril afpakken.'
Alfa pakte haar mobieltje en stuurde Ruben een bericht. *We gaan Sophia tegenhouden. Nu!*
Ze holden het laatste stukje naar het huis van mevrouw Vis, renden door de achtertuin en stormden het huis binnen.
'We gaan ze tegenhouden!' zei Alfa tegen mevrouw Vis, die aan tafel zat en een partje appel at.
'Echt waar? Hoe dan?'
'Weten we nog niet!' Alfa gooide haar armen in de lucht. 'Maar Nina gaat het doen!'
Nina en Alfa renden naar de zolder en deden razendsnel hun eigen kleren aan. Toen denderden ze weer naar beneden en liepen in één keer door naar de voordeur.
'Ze mag die site niet online zetten,' zei Nina en ze gooide de deur open. Toen ze het huis uit holden, kwam Ruben net uit het zijne. 'Wat gaan we doen?' vroeg hij en hij stroopte strijdlustig zijn mouwen op.
'Weet ik niet,' zei Nina. 'Iets.'
'Doe voorzichtig!' riep mevrouw Vis. Maar ze hoorden haar al niet meer.

Sophia stond nog steeds onder de grote kastanjeboom aan de overkant van de straat. Ze hing op het stuur van

haar fiets en keek naar het schermpje van de telefoon van Jasmin. Die stond naast haar en kauwde verveeld op een stukje kauwgum. Hadda stond er nu ook bij. Ze stootte Sophia aan toen ze de drie kinderen aan zag komen.
'Nina Zout,' riep Sophia. 'Ik zag je naam net nog op een heel leuke website! En de jouwe ook, Alfa Myou Dabrezil.' Sophia huppelde heen en weer. 'Een mooie naam om voor altijd online te staan.'
'Nog even en iedereen weet dat jullie onbetrouwbaar zijn,' zei Jasmin. 'Dat jullie willen inbreken bij oude mensen of wat het ook is dat jullie doen.'
'We breken niet in!' riep Alfa.
'Je hebt geen idee waar je het over hebt,' zei Ruben.
'Nee, duh,' zei Sophia en ze keek Ruben recht aan. 'Omdat je me niks vertelt. Ik kan alleen maar raden. En met al die negatieve energie van je raad ik dat je heel nare dingen aan het doen bent.'
'Hou toch je mond, gifkonijn,' zei Nina. Ze ging heel dicht bij Sophia staan, ze was een halve kop groter. 'Je denkt helemaal niet echt dat Ruben inbreekt bij oude mensen. Je weet heel goed wat een onzin dat is. Je hebt toch een steen om je nek waar je wijs van wordt? Het enige wat je doet is andere kinderen pesten. Ben je niet moe van jezelf?'
Sophia keek Nina heel even serieus aan en haalde toen haar neus op. 'Nee. Ik ben mooi en bijzonder, dat vindt iedereen.'
'Je bent niet mooi en bijzonder,' zei Nina. Ze stond nu zo dicht bij Sophia dat ze haar adem op haar gezicht voelde. 'Je bent gemeen en oneerlijk.' Ze deed een stap naar ach-

teren. 'En die nieuwe zonnebril staat niet stoer maar kinderachtig. Alsof je een klein meisje bent dat een filmster nadoet.'
Sophia griste de zonnebril van haar hoofd en stopte hem in haar jaszak. Ze pakte de telefoon uit Jasmins handen en hield hem kwaad voor zich uit. 'Hier, de website. Bijna af.'
'Het is echt supermooi geworden,' zei Jasmin.
Tot Nina's schrik zag ze een echte site op het kleine scherm. Met een foto van het huis van mevrouw Vis, met daaronder:
Hier aan de Havenstraat-oost gebeurt het allemaal. In het huis van een enge, blinde vrouw komen Ruben Tannema en zijn vriendinnetjes samen om hun vuile plannetjes te smeden. Meer weten? Klik hier.
Ruben, die over Nina's linkerarm meekeek, stak zijn hand naar voren en drukte op hier. Er verscheen een foto van hem tijdens het optreden van Roving Tom.
Wat doet Ruben hier? Volgens een vriendelijke bewoner van de Lindeflat vielen hij en zijn vriendinnetjes Nina Zout en Alfa Myou Dabrezil nietsvermoedende bewoners lastig. Wat heeft dit alles te maken met het optreden van Roving Tom? We weten het niet, maar het is verdacht.
'Dat kun je niet maken!' riep Alfa. 'Onze namen gebruiken en foto's die je stiekem gemaakt hebt. Daar is vast een wet tegen.'
'Een wet?' Sophia lachte. 'Elke politieagent zal aan mijn kant staan.'
'Natuurlijk niet,' riep Nina. 'Je achtervolgt ons, dat is strafbaar.'

Sophia lachte haar mierzoete glimlach. ‘Ik doe iets heel goeds, ik ontmasker jullie vuile plannetjes. En iedereen gelooft me toch altijd. Mijn ouders, de juf. Omdat ik zo ontzettend leuk ben.’

Nina rolde met haar ogen. ‘En hoeveel krijg je van de Brit in de zwarte jas voor die website?’ vroeg ze. ‘Genoeg voor nog zo’n stomme zonnebril? Of nog meer schoenen?’

Sophia deed alsof ze Nina niet hoorde. ‘We zetten straks nog wat mooie fotootjes online en dan stuur ik vanavond iedereen op school een mailtje.’

‘Dat doe je echt niet,’ zei Nina. Maar ze wist: dat doet ze wel.

Ruubjesgeheim.nl

'We hebben haar zonnebril niet eens afgepakt,' zei Alfa.
'En Jasmins telefoon ook niet,' zei Nina.
'Dat had toch geen zin gehad,' zei Ruben. 'Die site staat niet alleen op haar telefoon.'
'Ik kan niet geloven dat het zo eindigt,' zei Nina en ze roerde kwaad in haar thee. 'Regel 1 verbroken voordat we ook maar Ministerie zijn geworden.'
Ze waren na de ruzie met Sophia teruggegaan naar het huis van mevrouw Vis. Die had de drie rustig gekregen met kopjes thee en liga's. Nu zaten ze uitgeblust aan de grote tafel.
'Twee zaken opgelost en nu stopt alles door die stomme site,' zei Alfa en ze zuchtte diep.
Mevrouw Vis zat er bleekjes bij. 'Het had zo mooi kunnen zijn.'
Het was even heel stil.

'Is er niet een zaak in een van de boeken waar we van kunnen leren?' vroeg Alfa. 'Het Ministerie van Oplossingen heeft toch vast wel eens eerder te maken gehad met zoiets?

'Dat kan niet,' zei Ruben. 'Websites bestonden toen nog niet. Het internet werd pas in 1993 toegankelijk voor het publiek.'

'Nee, maar wel kranten en zo,' zei Alfa. 'Radio, weet ik veel.'

Mevrouw Vis knikte. 'Ja, we hebben regelmatig journalisten smoesjes moeten verkopen en meestal ging dat goed.'

'Meestal?' vroeg Nina.

'Op een dag werd er een lang artikel geplaatst in een van de grootste kranten van het land. Op de voorpagina. Over een fonds dat niet bestond en wel een beurs had uitgereikt aan twee kinderen, en dat er een geheim ministerie zou bestaan dat erachter zat.'

'En dat hadden de Zilvermannen gedaan?' vroeg Alfa.

'Ja en nee,' zei mevrouw Vis. 'De Zilvermannen hadden de journalisten gewezen op een paar dingen die niet klopten aan de zaak. Het was onze schuld dat die dingen niet klopten.'

'En toen, hoe hebben jullie dat opgelost? Dan kunnen we dat nu ook doen!' zei Alfa en ze wiebelde op haar stoel.

'De dag dat het artikel in de krant verscheen, kregen wij de brief uit Genève van het Internationale Genootschap.'

'O,' zei Alfa.

'Het einde van het Ministerie,' zei Nina.

Mevrouw Vis knikte.

'Waarom hield het Internationale Genootschap de krant dan niet tegen?' vroeg Ruben.

‘Tja,’ zei mevrouw Vis. ‘Die hadden ons toen al tien keer gewaarschuwd. Die staken geen poot meer uit.’
‘Dus als ze boos zijn, helpen ze niet, en als je nog geen officieel Ministerie bent, helpen ze ook niet,’ zei Alfa. ‘Wat een humeurig genootschap.’
Mevrouw Vis lachte.
‘Ik heb nog een idee,’ zei Nina toen. ‘Als je internet kunt installeren, kun je vast ook een website blokkeren, toch?’
Alfa knikte. ‘De vader van Noria!’
‘Het is wel iets heel anders,’ zei Ruben. ‘Installeren en programmeren. Laat staan het deactiveren van de site van iemand anders.’ Hij kneep zijn ogen tot spleetjes. ‘Misschien als hij toegang kan krijgen tot het CMS, maar dan heeft hij alle gebruikersgegevens nodig.’
Nina keek hem aan. ‘Hm. Ik snap het niet helemaal, maar laten we het gewoon proberen. We hebben alleen nú nog om die site te stoppen. Vanavond ziet de hele school het. Heb je zijn nummer nog?’
Ruben pakte zijn mobiel, maar Nina was alweer van gedachten veranderd. ‘Laat maar. Ik ga ernaartoe.’ Ze deed haar bloemetjeslaarzen aan die ze bij binnenkomst uitgeschopt had. ‘Gaat er iemand mee?’
‘Ik denk dat het tijd is dat jullie naar huis gaan,’ zei mevrouw Vis. ‘Jullie ouders wachten vast met het eten.’
‘Mogen we na het eten terugkomen?’ vroeg Alfa. ‘Misschien is dit wel de laatste avond dat we het bijna-Ministerie zijn.’
‘Nee!’ riep Nina. ‘Ik bedoel, ja, ik kom ook na het eten. Maar nee! Dit mag niet de laatste keer zijn.’ En ze rende de deur uit.
Buiten adem parkeerde Nina haar fiets even later tegen

een hekje tegenover het huis van Noria en haar vader. Ze rende naar de deur en belde aan. Ze haalde even een hand door haar haar, dat helemaal warrig zat van het keiharde fietsen. De deur ging open. 'Hé, jou ken ik!' zei Zalmai. 'Het meisje dat de tas terugbracht.'
'Nina,' zei Nina. 'En ik wilde wat aan u vragen.'
'Oké,' zei Zalmai. 'Kom binnen.'
Nina schudde haar hoofd. 'Nee, ik heb superveel haast. Ik moet alleen even weten of u me zou kunnen helpen.'
'Ik hoop het,' zei de vader van Noria. 'Want jij hebt mij aan werk geholpen.'
Nina keek hem verbaasd aan. Hij kon toch niet weten dat ze iets te maken had met het installeren van de computer bij Barremans?
'Je had het over een garage waar ze geen radio's konden maken,' zei Zalmai. 'Nou, ik ben ernaartoe gefietst en heb mezelf aangeboden als elektromonteur. Nu bellen ze me elke keer dat er iets elektrisch kapot is, dus heb ik weer nieuwe opdrachten erbij.'
'O, dat! Wat goed,' zei Nina.
'Maar wat wilde je vragen?' vroeg Noria's vader.
'U kunt toch ook internet installeren en zo?'
'Ja,' zei Zalmai. 'Dat doe ik ook. Zo meteen ga ik bijvoorbeeld opnieuw bij een meneer langs die voor het eerst internet heeft. Hij snapt er niks van en denkt dat zijn laptop stuk is. Het is weekend, maar dat maakt niet uit.'
'Maar kunt u ook een website stoppen?' vroeg Nina, nog altijd een beetje buiten adem. 'Dus kunt u ervoor zorgen dat een website die iemand heeft gemaakt, niet online te zien is?'

'Een site blocken? Dat kan ik wel,' zei Zalmai.
Nina maakte een sprongetje. 'Echt? Dat is fantastisch! Dan moeten we dat gaan doen! We moeten ervoor zorgen dat niemand die site ziet. Ik heb het adres, zullen we naar een computer?'
'Niemand?' Zalmai lachte. 'Ik kan het alleen op één computer doen. Ik dacht dat je dat bedoelde. Kijk, ik kan op jouw computer bepaalde sites blokkeren, dan kun je er niet op kijken. Maar op de computer van een ander bestaat die site dan natuurlijk nog steeds. Behalve als je alle computers op de hele wereld afgaat.'
Nina's schouders zakten naar beneden, haar hoofd viel op haar borstkas, het voelde alsof ze helemaal in elkaar plofte. 'O,' zei ze alleen maar. Ze was opeens heel moe.
'Sorry dat ik niet meer voor je kan doen,' zei Zalmai. 'Ik moet weer naar binnen, ik maak soep voor Noria, we moeten zo weg.'
'Oké,' zei Nina. 'Bedankt in ieder geval.'
'Jij bedankt!' zei Zalmai. 'Voor de nieuwe klussen bij Ali!'

'Alfa heeft gebeld,' zei Nina's moeder zodra Nina binnenkwam. 'Het was dringend, zei ze.'
Nina schopte haar laarzen uit en rende naar boven om met de telefoon op de slaapkamer van haar ouders terug te bellen. 'Hé, Alfa.'
'Nien? Ik keek net nog een keer op ruubjesgeheim.nl en er staat een nieuwe foto op.'
'Oké,' zei Nina, die niet snapte waarom dat zo dringend was. 'Hij was toch nog niet af?'

'Het is een foto van jou, voor het huis van Noria terwijl je met haar vader praat.'

'Wát?' Nina voelde koud kippenvel over haar hele huid trekken. 'Dat was nét. Ze hebben me achtervolgd...'

Alfa zuchtte diep. 'Kon hij je helpen?'

'Nee,' zei Nina. 'Maar we hebben hem wel aan extra werk geholpen. Hij gaat af en toe werken voor Ali, van de garage waar ze mijn moeders autoradio niet konden maken.'

'Wat goed,' zei Alfa.

'Zou dat niet als derde zaak gelden?' vroeg Nina zich hardop af.

'Het was geen probleem, toch?' zei Alfa. 'Hij zei dat hij zelfstandig was, niet dat hij werk zocht.'

Nina knikte.

'En het was niet anoniem,' ging Alfa verder. 'Want hij heeft je zelfs bedankt. En het heeft Noria niet geholpen.'

'Nee, je hebt gelijk' zei Nina teleurgesteld. 'Het bezoek was nutteloos en toch hebben ze er een foto van.'

'Het is toch fijn dat Zalmai meer werk heeft,' zei Alfa.

'Ja,' zei Nina. 'Maar hij staat nu wel op die stomme site.'

Toen ze een halfuurtje later beneden aan tafel zat, had Nina geen honger.

'Meissie, dat gebeurt je nooit!' zei haar moeder. 'Lasagne nog wel, je lievelingseten!'

Nina zuchtte diep.

'Is er iets gebeurd op school?' vroeg haar vader.

Nina schudde haar hoofd. School, dat zou weer zo gewoon en saai worden na vandaag.

'Ben je ziek?' vroeg haar moeder.

'Nee,' zei Nina. Opa, die was ziek geweest, dacht ze, en die werd beter omdat het Ministerie hem had geholpen.
'Ben je verliefd dan?' vroeg haar vader.
'Nee,' zei Nina weer.
'Ach, is het juist over?' Haar moeder aaide over Nina's hoofd. 'Was het toch die Ruben met wie je naar Roving Tom was? Heeft hij het uitgemaakt?'
Nina zag opeens het muurtje weer voor zich, met Roving Tom erop. Ze hoorde het daverende applaus na afloop en voelde heel even hoe gaaf het was geweest om dat voor elkaar te krijgen. Toen vielen de tranen boven op de lasagne.
'Meisje toch,' zei haar moeder. 'Ik snap het wel, hoor. Het is vreselijk als je hart wordt gebroken.' Ze sloeg een arm om Nina heen, maar Nina bleef huilen. Ze zag Noria voor zich, en mevrouw Vis. De kist op zolder. De blije Barremans.
'Ach, liefie,' zei haar moeder. 'Je gaat vanavond lekker op de bank liggen en dan gaan we samen een film kijken.'
Maar Nina schudde haar hoofd. 'Nee, ik moet nog één ding doen vanavond. Daarna is het pas echt over.'
Haar ouders keken elkaar even aan.
'Oké dan,' zei haar vader. 'Maar niet gaan smeken, hè? Je bent veel te leuk voor zo'n ukkie. Er komt wel weer een andere jongen.'
Ondanks de knoop in haar maag moest Nina daar om lachen. 'Dank je, papa,' zei ze. 'Dat zal ik onthouden.'

Afscheid

Om halfacht 's avonds belde Nina weer aan bij mevrouw Vis. Ruben deed open. Hij wees verbaasd op de zonnebril die Nina ophad. 'Doe je Sophia na?'
Nina zei niks en liep door naar binnen. Alfa en mevrouw Vis zaten al aan tafel en dronken thee. Nina pakte een stoel en legde haar zonnebril voor zich neer. 'Nien! Je hebt gehuild,' raadde Alfa meteen. Nina's ogen waren dik en rood.
'Het is niet gelukt bij Zalmai,' zei Ruben.
Nina schudde haar hoofd. 'Hij kan ons niet helpen.'
'Maar hij heeft dankzij ons wel meer werk bij een garage in de buurt!' zei Alfa. 'Hij bedankte Nina zelfs.'
'Maar dat telt niet als zaak, toch?' vroeg Nina voor de zekerheid nog een keertje aan mevrouw Vis.
'Nee,' zei die. 'Dat is gewoon aardig.'

Ze zaten in stilte bij elkaar. Ruben poetste zijn bril. Alfa speelde met een van de vlechtjes die haar moeder opnieuw in haar haar had gemaakt. Nina wiebelde met haar tenen in haar laarzen.

'Nou, jongens,' zei mevrouw Vis plechtig. 'Dat was het dan. Ik vond het heerlijk.'

'Ik ook,' zei Nina. Ze keek om zich heen, naar de boekenkasten vol verslagen van het oude Ministerie. Ze had zo graag nog veel meer geleerd van al die zaken achter de donkere kaften. Maar ze dacht ook aan de avonturen van de afgelopen weken. 'We hebben mooi wel een oude man een laptop gegeven,' zei ze.

Alfa knikte. 'En een muurtje gered.'

'En mij,' zei Ruben. 'Op het schoolplein. Dat was ook best leuk.'

Nina glimlachte. 'Dat was superleuk. Die verbaasde blikken van Sophia en haar vriendinnen. En van jou!' Haar gezicht betrok. 'En nu kan iedereen op die stomme site zien wat we gedaan hebben.'

'Ik kan het niet zien natuurlijk,' zei mevrouw Vis. 'Maar kunnen jullie de website er toch even bij pakken en aan me beschrijven? Misschien is het niet zo erg als jullie nu denken.'

Ruben klapte zijn laptop open, die zoemend opstartte.

'Het is erger dan we denken,' zei Alfa. 'Twee uur geleden stond er alweer een foto op van Nina die met de vader van Noria stond te praten.'

Mevrouw Vis schudde haar hoofd. 'Wat een gnieperds zijn het toch.'

'O, nee!' zei Ruben. 'Ze heeft gemaild. Ze heeft écht iedereen op mijn school gemaild.'

'Nu al?' vroeg Alfa. 'Misschien gaat het over iets anders.'
"Ruben Tannema",' zei Ruben en hij zuchtte diep. 'Zo héét de mail.'
'O,' zei Alfa.
'Wat zegt ze?' vroeg Nina.
Ruben zuchtte nog een keer en begon de mail voor te lezen. "Beste leraren en kinderen van de Herculesschool, ik mail u allemaal omdat dit een zaak van enorm groot belang is. We wisten al dat Ruben Tannema een slechte aura had.' Hij gromde even. 'Maar wisten jullie dat hij rare dingen doet in de hele stad? We hebben het voor jullie op een site gezet. Met mooie foto's en linkjes. Liefs, Sophia."

'Liefs!' zei Nina. 'Hoe durft ze! Ze weet niet eens wat dat woord betekent!'
'Dat gaat toch niemand serieus nemen?' vroeg Alfa. 'Een zaak van enorm groot belang?'
'Maar er staat wel een link bij naar de site,' zei Ruben. 'Dus of ze het nou serieus nemen of niet, een anoniem bijna-Ministerie zijn we niet meer. Hier.'
Nina legde een hand voor haar ogen. Ze hoorde de vingers van Ruben op de muis klikken. Ze wilde die site écht niet nog een keer zien.
'Hé,' zei Ruben. 'De link doet niks. Het was toch ruubjesgeheim.nl?'
Alfa zuchtte diep. 'Wie bedenkt toch zo'n naam!'
'Maar dat was het toch?' vroeg Ruben weer. 'Punt nl? Of was het punt com? Zou ze een fout hebben gemaakt in die mail?' Zijn vingers gleden weer over het toetsenbord. 'Nee,' mompelde hij. 'Het was echt punt nl.'

Alfa knikte. ‘Zeker weten. Waarom?’
‘Hij doet het niet,’ zei Ruben.
Nina haalde haar handen van haar ogen. ‘Misschien heb je geen verbinding.’
Ruben schudde zijn hoofd. ‘Wel, drie streepjes, net als normaal. Ik kon toch ook mijn mail lezen. Op onze pagina staat alleen een soort code.’
Nina draaide de laptop naar zich toe. 2421CH97 stond er rechtsboven op het scherm. ‘Ik ken die code volgens mij,’ zei ze peinzend.
‘Welke code?’ vroeg Alfa.
Nina las hem op: ‘2421CH97’
Alfa pakte haar telefoon erbij. ‘Dat was de afzender van dat gekke smsje vorige week, hier, kijk.’
Nina pakte de telefoon aan, maar legde hem gelijk neer toen ze vanuit haar ooghoek mevrouw Vis zag. Die had een hand voor haar mond geslagen en had felrode wangen. Ze ademde heel snel in en uit. ‘Mevrouw Vis, gaat het?’ Nina sprong op en ging naast haar staan. Ruben schoof snel een glas water tegen de hand van de buurvrouw aan.
‘Die code,’ zei mevrouw Vis buiten adem. ‘Die komt van het Internationale Genootschap.’
‘Wat?’ vroeg Nina. ‘Hoe weet u dat?’
‘We kregen altijd berichten met dat soort codes, vroeger bij het Ministerie.’ Ze nam een slokje water. ‘Altijd vier cijfers onder de vijf, twee letters en twee cijfers boven de vijf.’ Ze draaide zich naar Alfa. ‘Zeg nog eens wat er op die site staat.’
Alfa trok de laptop naar zich toe en las de code nog een keer voor. ‘2421CH97’

‘Pak die brief er even bij,’ zei mevrouw Vis. ‘Die met de vriendelijke groet, hij ligt naast mijn stoel.’
Nina was in twee stappen bij de stoel van mevrouw Vis en pakte de envelop van het pluizige kleed. Ze hield hem vlak voor haar gezicht en las de code voor die klein in de rechterbovenhoek stond gekrabbeld. ‘2421CH97. Dezelfde! Mevrouw Vis, het is het Internationale Genootschap!’
Mevrouw Vis knikte langzaam.
‘Hebben zij de site van Sophia geblokkeerd?’ vroeg Ruben. ‘Maar u zei toch dat ze alleen maar helpen als...’
Hij viel stil en keek met grote ogen naar de buurvrouw. Die sloeg met een vlakke hand op tafel. ‘Dit kan maar één ding betekenen, jongens.’
‘Niet!’ riep Alfa.
‘Echt?’ riep Nina. ‘Is het gelukt!’
Mevrouw Vis knikte. ‘Het is gelukt. Jullie hebben drie problemen opgelost.’
Nina, Alfa en Ruben sprongen van hun stoel en dansten door de kamer. Daarna vielen ze een voor een mevrouw Vis om de hals. En elkaar. ‘Gefeliciteerd!’ zei Nina en ze tilde Ruben een stukje op. ‘Jij ook!’ zei Ruben, terwijl Alfa om de tafel heen sprong en op de melodie van ‘Morning Love’ een eigen liedje zong. ‘Het is gelukt! Het is geluuuuuuukt!’
‘Ruben, in de koelkast staat een taartje, haal die even, jongen. Met wat vorkjes,’ zei de buurvrouw. Ze was nog steeds rood, maar ademde weer normaal. Ruben holde naar de keuken en kwam terug met een witte doos met een appeltaart erin. ‘Die had ik vast gekocht, voor het geval dat,’ zei mevrouw Vis glunderend. ‘Oeh! Er is ook slag-

room.' Toen Ruben die ook had gevonden, aten ze allevier met kleine vorkjes appeltaart met slagroom uit de doos.

'Ik kijk nog één keer of het nog steeds zo is,' zei Alfa. Ze pakte de laptop en drukte op enter. De site vernieuwde zich, maar er veranderde niks. 'Het is nog steeds zo,' zei ze tevreden en ze nam een grote hap appeltaart. 'O, je krijgt wel net een nieuwe mail, Ruben. "Re: Ruben Tannema", van ene Iris.'

'Dat is mijn juf,' zei Ruben. 'Laat eens zien.'

Alfa draaide de computer weer naar Ruben en die las terwijl hij met zijn duim en wijsvinger kruimeltjes appeltaart van zijn schoteltje pikte. Hij klapte in zijn handen. 'Ha, mooi.'

'Wat is mooi?' vroeg Nina.

'"Beste ouders, leerlingen, medewerkers en mevrouw de directeur,"' las Ruben voor.

'"Mijn oprechte excuses voor deze ongeoorloofde e-mail. Uiteraard heeft niemand van mijn leerlingen een slechte aura. Ik zal de jongedame die deze mail heeft verstuurd hierover eens flink aan de tand voelen."'

'Zo,' zei mevrouw Vis. 'De juf heeft door dat Sophia een pestkop is.'

'Als mijn moeder me "jongedame" noemt, is ze héél boos,' zei Alfa enthousiast.

'Ik weet wel dat we niemand mogen tegenwerken, mevrouw Vis,' zei Ruben en hij klapte de laptop dicht. 'Maar is het heel gemeen als ik hier nóg vrolijker van word?'

'Haha,' zei de buurvrouw. 'Nee hoor. Ambtenaren van

het Ministerie zijn ook maar gewoon mensen.' Ze nam gniffelend een slokje thee.

'Ambtenaren van het Ministerie,' herhaalde Nina. 'We zijn nu officieel het Ministerie van Oplossingen.' Ze keek even verschrikt naar mevrouw Vis. 'Daar kan nu toch niks meer tussenkomen?'

Mevrouw Vis schudde haar hoofd en nam nog een klein stukje appeltaart met heel veel slagroom. 'Nee, meid. Daar kan niks meer tussenkomen.'

Nina stak haar hand uit naar Alfa. 'Nina Zout, ambtenaar van het Ministerie van Oplossingen.'

Alfa schudde haar hand. 'Aangenaam. Alfa Dabrezil, ambtenaar van het Ministerie van Oplossingen.'

'Behalve dan dat we dat nooit tegen iemand mogen zeggen,' zei Ruben.

'Wel tegen elkaar,' zei Nina. 'Vanavond wel.' Ze stak opnieuw haar hand uit, nu naar Ruben. Die pakte hem stevig vast. 'Ruben Tannema, ambtenaar van het Ministerie van Oplossingen.'

'Nou moeten jullie wel aan de slag,' zei mevrouw Vis.

'Nu?' vroeg Alfa.

De buurvrouw schudde haar hoofd. 'Nee, de komende weken. We moeten zaken oplossen. Omdat we aangesloten zijn bij het Internationale Genootschap, zullen we ook wel wat geld krijgen. En misschien nieuwe vermommingen, die van mij zijn wat stoffig.'

'Gaaf,' zei Nina. 'Gaan we de zaken die we oplossen dan ook in een van de boeken schrijven?' Ze keek naar de honderden boeken die in de kasten om hen heen stonden.

Mevrouw Vis knikte. 'Ik denk het wel. In een nieuw boek.

Al zullen we de verslagen nu wel op een computer tikken en niet meer op een typemachine.' Ze gniffelde. 'Wat een avontuur!'

Ze zaten even bij elkaar zonder iets te zeggen. De taart was op, de slagroomspuit leeg. 'Dus de klapper heeft gewerkt,' zei Nina toen en ze wiebelde met haar tenen in haar bloemetjeslaarzen.

'Ja, maar hoe dan?' vroeg Ruben.

'We hebben Noria opgevrolijkt,' zei Alfa. 'Dat kan niet anders. Zou ze niet meer gepest worden? Hebben we iets gedaan waardoor Sophia haar niet meer lastigvalt?'

Ruben haalde zijn schouders op. 'Of zou ze vrienden hebben gemaakt?'

'Misschien speelt ze weer buiten,' zei Nina. 'Of komt het toch omdat haar vader nu meer werk heeft.'

'Tja,' zei mevrouw Vis. 'Daar kom je misschien wel nooit achter. En daar kun je maar beter aan wennen.' Ze stroopte haar mouwen op en glimlachte. 'Want dat hoort erbij, als je voor het Ministerie van Oplossingen werkt.'

Post

'Lieverd,' zei Nina's vader.
'Yep,' zei Nina. Het was twee weken nadat ze officieel het Ministerie waren geworden. Ze zat op de leuning van de grote stoel in de woonkamer, haar blauwe laarzen op de zitting, en gooide rozijnen de lucht in die ze met haar mond probeerde op te vangen.
'Weet je Barremans nog, die oude man over wie je me een paar weken geleden vroeg?'
Nina knikte. Er viel een rozijn op haar neus.
'Weet je nog dat ik vertelde dat ik medelijden met hem had, omdat hij zo eenzaam leek?'
Nina knikte weer.
'Nou, ik had vanmorgen zowaar een brief voor hem. Uit Amerika.'
'Wat goed!' zei Nina. 'Van wie?'
'Ja, dat weet ik natuurlijk niet.'

Ik hoop van zijn zoon, dacht Nina.

'En er was nog wat,' ging haar vader verder en hij trok aan zijn baard.

Nina stopte met rozijnen gooien en keek haar vader aan.

'Toen ik die brief door de brievenbus wilde doen, zag ik een meisje spelen op het dek van zijn boot, in de zon. Een klein meisje met twee lange, zwarte vlechten en blote voeten. Ze zat te tekenen en te babbelen met Barremans. Is dat niet leuk?'

'Ja,' zei Nina en ze glimlachte. 'Ja. Dat is heel leuk.'